Julien Gracq

LE
BENS
KNO
TEN

Aus dem Französischen
von Gernot Krämer

FRIEDENAUER PRESSE

Inhalt

• V O R W O R T •

von Bernhild Boie

»Das wahre Geheimnis der Welt ist
das Sichtbare, nicht das Unsichtbare.«
Oscar Wilde

Im Fonds Julien Gracq der Handschriftenabteilung der Bibliothèque Nationale de France befindet sich eine Reihe von 29 mit »Notules« (Randnotizen) betitelten Heften. Für zwanzig Jahre nach seinem Tod hat Gracq jegliche Veröffentlichung dieser Texte untersagt. Sicher mit Rücksicht auf Zeitgenossen, die schreibend hier und da aufs Korn genommen wurden. Wir müssen uns also bis 2027 gedulden, um zu erfahren, was sie enthalten. Doch der Fonds Julien Gracq birgt noch einen anderen Schatz, zu dem uns kein Verbot den Zugang verwehrt. Es sind die hier zu lesenden Prosastücke. Sie sind Teil eines Ensembles von Texten, die Gracq in seinen Notizbüchern ins Reine geschrieben und dann zum Abtippen gegeben hat.

Die vorliegende Entdeckung aus den Sammlungen der Nationalbibliothek bereitet uns die wundersame Überraschung, einem Schreiben wiederzubegegnen, das zum Sehen, Fühlen, Denken anregt. Eine leuchtende poetische Prosa, die beim Flanieren auf Pfaden und Wegen Landschaften erstehen lässt mit allem, was diese an unmittelbarer Gegenwart, Erinnerungen, Geschichten, Mythen und Märchen in sich tragen. Eine sinnliche Prosa, in der Gegenstände sich beseelen und Lebendiges auf Lebloses trifft, »die Kühe wie Wäsche überall auf den Wiesen verteilt«. In der Sprache nistende »Lebensknoten«. So wird jede Reise zur Entdeckung eines anderen Gesichts der Erde und des Lebens, das ihr anhaftet, »mondschlummernde Lichtungen« – »mit wildem Wein behangene Häuschen«. Und oft gibt der Blick des Geologen einem Ort seine Ursprünge zurück und entscheidet über seine Güte und die Freude, sich dort aufzuhalten:

»Zwischen einer auf Felsen ruhenden Landschaft, deren Gliederung durchweg von der Beschaffenheit und dem Gerüst der Tiefenschicht bestimmt wird, und einer, die sich undifferenziertem bröckeligem Schutt anpasst, besteht der gleiche Abstand wie zwischen einer Konstruktion aus Granit oder Quadersteinen und einem Bau aus Strohlehm.«

Doch findet man in diesen Texten auch hellsichtige, dem Lauf der Welt abgelauschte Worte. Neckische, manchmal spöttische Kommentare über den Literaturbetrieb und seine Sitten. Eine heitere Art zu denken, die die unbeständigen Gewissheiten und zerbrechlichen Überzeugungen der modernen Gesellschaft und ihrer politischen Bühne ohne Nostalgie oder Lamento ungeschminkt darstellt.

Eine scharfsinnige, präzise, ganz in ihrer Zeit verankerte, aber auch und vor allem der unseren vorgreifende Kritik, was manchen dieser Stücke einen beinahe prophetischen Ton verleiht. Die Bestandsaufnahme der irdischen Verhältnisse ist so illusionslos, wie das Vertrauen in die Bewusstwerdung der Menschen gering ist:

»(...) die Erde hat ihre Belastbarkeit und Widerstandskraft verloren, dieser Hügel kann heute nach Belieben abgetragen, jener Fluss trockengelegt, die Wolken können aufgelöst werden. Der Augenblick ist nah, da der Mensch im Grunde nur noch sich selbst gegenübersteht in einer Welt, die ausschließlich von seiner Hand *nach seiner Vorstellung* gestaltet ist – und ich bezweifle, dass er sich dann ausruhen, sein Werk genießen und es für gut befinden kann.«

Im Übrigen gilt für diese Aufzeichnungen immer noch, was Gracq 1986 im Gespräch mit Jean Carrière gesagt hat: »(...) man kann die Welt sehr wohl als unersetzliches Wunder für den Menschen betrachten und in aller Gelassenheit bar jeder Hoffnung sein«.

Die Gliederung dieses Bandes erinnert an die Vorstellung, die Gracq sich von einem Buch machte: »(...) ich hatte immer eine Schwäche für in Kapitel unterteilte Bücher, für Kapitel mit Überschriften.«

Doch wie in *Lettrines II* ist die Zuordnung der Texte nicht zwingend, die Umrisse der Kapitel bleiben vage, ihre Grenzen durchlässig. Themen und Formen überschneiden sich, frei entfaltet sich das Schreiben, wechselt mit seinem Gegenstand den Takt, das Timbre, die Farbe.

Der Schriftsteller mochte es auch, wenn den Kapiteln ein Motto vorangestellt ist. Wir haben stattdessen jeweils Bilder aus seinem Fotoarchiv verwendet.

»Und nun überlassen wir dem Text das Wort, was ja nicht wenig ist.«

WEGE UND STRASSEN

OFT bleibt mir von einer Autoreise die hartnäckige Erinnerung an in der Dämmerung zurückgelegte Strecken, zu später Stunde eines Sommerabends, wenn die schwierige Suche nach einer Unterkunft uns antreibt und die hereinbrechende Nacht für den Reisenden etwas von ihrer vormaligen Beunruhigung zurückerlangt. Im vergangenen September hatte ich am vorgerückten Abend – die Hotels waren unerwartet voll – die Kleinstadt Sancerre hinter mir gelassen und war durch die Sologne nach Westen gefahren, unsicher, ob in den Mulden ihrer Heiden eine Unterkunft und ein Gedeck zu finden wären. Als ich den großen Hügel hinunterbrauste, übergoss die tiefstehende Sonne noch glorreich die Weinhänge, dann begann das Ländchen von Henrichemont die kleine Straße launisch zu verbiegen mit seinen Weinbergen und steilen, mit Hecken vernähten Senken, worin die Nacht allmählich wuchs wie die Flut eines schwarzen Weihers. Ich tauchte über einen sanften Abhang ins Tiefland, vorbei an geraden, von Ästen überwölbten Linien; hin und wieder öffnete sich im zerschmetterten Hintergrund des Panoramas ein Auge fahlgelben Taglichts und begann zu flackern. Es wurde vollends Nacht und ich fuhr beinahe lautlos dahin, wie in einen duftenden Pelz gehüllt, der nicht Wärme, sondern Kühle spendet. Die Geologie verflüchtigt sich nie ganz aus meinem Landschaftsempfinden; die Sologne bleibt für mich immer Frankreichs Kuhle, die sie war, als dort gewaltige Mengen Sand, Lehm und Kies bewegt wurden: ein stehender, eingekellerter Nabel, den nur selten der Wind besucht und der wie ein Tümpel unter grünem Schaum schläft. Die nächtliche Durchquerung des Hochwalds offenbart im Lichtkegel der Scheinwerfer nichts als die Beine verblüffter Riesen, deren Köpfe sich viel weiter oben im Nebel verlieren, in einem Hauptgeschoss, wo die Konfusion der Nacht schwerfällig ihre Träume durcheinanderbringt. In der Sologne ist die Nacht seltsamer: Sie gleicht einem nur noch lustlos gepflegten Garten, auf dessen properen schmalen Asphaltsträßchen im Schutze der Finsternis das Wilde dunkle Wellen schlägt. Man staunt über die manische Pflege, die diesen Verkehrswegen in der Einsamkeit zuteilwird: Es ist, als würde das unsichere Band von einem Augenblick zum anderen ganz dünn, könne sich plötzlich in einer Sandmulde verlieren. Doch es setzt sich fort, als schöbe ein heller Gedanke die drückende nächtliche Blockade fort und trenne sie auf in dem Maße, wie man vorankommt. Ich fuhr lange durch den dunklen, von Pflanzengeruch durchzogenen Grund, der von lumineszierenden Tieraugen bevölkert war, wie sie in tiefsten Meerestiefen glimmen: Dieses erwachende tierische Leben, das aus dem Schweigen des Blattwerks selbst zu erstehen schien, machte den Geist mit einem Mal für düstere Märchen empfänglich, wehte ihn über die lockenden Raine einer schon ganz von indiskretem Rascheln erfüllten Walpurgisnacht. Schon aber tauchten in einer Biegung die hohen gotischen Giebel von Aubigny-sur-Nère hinter den Bäumen auf, die sich als Silhouetten von den Lichtern der Hauptstraße abhoben, wo die Terrassen der Cafés noch in der warmen Nacht wachten; die winzige Stadt der Stuarts mit ihren schmiedeeisernen, an den Ecken alter Straßen hängenden Lampen, die überall ans Dickicht stießen, kam mir nach diesem Tauchgang in die Tiefen des schwarzen Waldes vor, als würde sie vom kugeligen warmen Licht venezianischer Laternen beschienen, die man für einen Ball in die Zweige eines Parks gehängt hat.

*

Winterlandschaft im überschwemmten Loiretal: Eine spröde Wasserfläche, die der kalte weihnachtliche Nordwind kräuselt, bedeckt die Wiesen der Thau; nur da und dort ragen, auf die wenigen von der Flurbereinigung verschont gebliebenen Kopfeschen gestützt, die Astwerkhochsitze der Entenjäger hervor. Durch den leichten Eisnebel, von dem das Tal beschlägt und jegliche Farbe verliert, schimmert nur noch eine kalte und graue tiefländische Picardie, ein aufgrund irgendeines Schleusenbruchs überflutetes flämisches *laagland*, wo der schmächtige Wintertag nur für ein paar Stunden gelangweilt ein Augenlid hebt.

So wie der Unterlauf der Loire mehr oder weniger die Demarkationslinie darstellt zwischen den Schieferdächern im Norden und den Tonziegeln der Vendée im Süden, die mit Feigenbaum und Rebe befreundet sind, neigt die Landschaft je nach Jahreszeit dieser oder jener Sphäre zu: der nordischen, sobald die letzten Blätter abgefallen sind, der südländischen, wenn die ersten Hitzewellen wiederkehren. Und sogar der Fluss scheint im Laufe der Jahreszeiten den Breitengrad zu ändern: Wadi am Sommerende mit seinen im Netz der Sandbänke gefangenen *Pfützen* – kalter und grauer, bis an den Rand der Deiche angeschwollener holländischer Strom im Winter. Wechsle ich ans andere Ufer, verdüstert sich für mich das Licht, und das beinah zu jeder Jahreszeit: Ich verstehe die Beklommenheit der Aufständischen aus der Vendée, als sie 1793 ans andere Loire-Ufer übersetzten. Nur wenige Landschaften machen auf mich einen so ausgestorbenen, so lebensarmen Eindruck wie der nördliche Teil des Departements Loire-Atlantique. Ich täte mir schwer damit, dort zu wohnen: Das Leben des Dichters René Guy Cadou erscheint mir nicht zuletzt deshalb so beklagenswert, weil er an diese benachteiligten Orte gekettet war: Saint-Herblon, Louisfert. So hat das Antlitz der Erde seine Vorhöllen, im doppelten Wortsinn: Randbereiche, wo das Leben verkümmert, von keiner Attraktion beseelt wird, Wohnorte von Seelen ohne Schicksal und Neigung, denen wohl nie ein Zeichen der Vollendung aufgeprägt werden kann.

*

Verschneite Gipfel, so blankgeputzt vorm Himmel, dass sie in azurnem Speichel zu baden scheinen.

*

Ein klarer und kalter Tag am Winterende, von jenem metallischen und wie frisches Zink leuchtenden Blau, das man während der letzten Fröste am Himmel sieht, wenn die Tage länger werden; die trockene Kälte wirkt belebend und aufheiternd. Plötzlich, ich weiß nicht warum, überkam mich das Verlangen, an die Kaps der Bretagne versetzt zu werden, in den Strom eines beißenden, die Haut in Runzeln legenden Windes, der die kleinen weißen Häuser an der eingespeichelten und schäumenden Küste abbeizt, ans Meer, das in jeder Einbuchtung klumpt und ansteigt wie der Schnee geschlagener Eier. Dorthin, wo die angebetete Morgensonne frischer, weißer, kreidiger ist als andernorts; ins Reich einer verjüngten Welt, denn mit jedem Tagesanbruch scheint sie neu aus dem Schaum zu erstehen.

*

Vom hübschen Balkon an der Loire in *La Meilleraie*, über den ich in diesen Heften schon gesprochen habe und wo ich gern spazieren gehe, wie heute Nachmittag in der Oktobersonne, gibt es eine Replik oder eher Verlängerung, die sogar noch hübscher ist: die *Basse Meilleraie*, eine im Westen anschließende Reihe von Häusern, deren Gärten zum Ufer der nicht ausgebauten Loire gehen und die nur über einen schmalen Fahrweg auf der Rückseite der Häuser zu erreichen ist. Der Name Niedere Meilleraie (»nieder« ist in der Ortsnamenkunde meist ein Synonym für schlecht) hatte mich lange ferngehalten, zusammen mit dem in Saint-Florent seit sechzig Jahren etablierten Ruf, bloß eine Art Armeleutevorstadt zu sein, die von ein paar Fischern bewohnt ist und in die man sich allenfalls begibt, um Maifisch oder gebratenen Aal zu bestellen. Tatsächlich wurden die einst baufälligen Gemäuer gerettet, restauriert, verputzt, getüncht, mit Veranden und Gartenlauben umgeben und sind nun eine Kette von Landhäusern, bescheiden zwar, aber fürs Auge fast durchweg einladend hinter den Obst- und Gemüsebeeten, und der grasbewachsene Pfad entlang der Loire, der zwischen den Gärtchen und den an der Böschung aufgereihten Eschen und Weiden hindurchführt, eröffnet zwischen Fluss und Gärten eine schattige Promenade, ein funkelndes und blühendes *Ende der Welt*, wie gemacht, um all das häusliche Glück zu verbergen und zu schützen, das sich in jedem Haus hinter Rosenstöcken und Bohnen verkrochen hat. In der Freude, die ich empfand, als ich das erste Mal diesen auf bescheidene Weise verwunschenen Weg beschritt, schwang etwas von der jähen Bezauberung mit, die uns oft der Traum, manchmal aber auch die Wirklichkeit bereitet, wenn ein anziehender und vertrauter Ort durch eine Geheimtür, einen versteckten Durchgang plötzlich, unvermutet in einen anderen, noch anziehenderen mündet. Als offenbarte sich uns in diesem Durchgang, der seinem Wesen nach etwas Wunderbares, ganz Plötzliches und Einfaches hat, eine Fähigkeit zur Fülle, zum Übermaß der Gaben, die uns vor Wonne lächelnd und zugleich ungläubig zurücklässt, als erweise sich der Speisesaal im verwunschenen Schloss eines Märchens, wo der erschöpfte Reiter den gedeckten Tisch vorfindet, geradewegs als Vorraum der Schatzkammer.

Vom Gestade der Basse Meilleraie blickt man zur Spitze der Île Mocquart, die sich vor die Silhouette des Mont Glonne schiebt: eine der zum Teil weitläufigen Inseln, auf denen früher Bauernhöfe standen, die aber wegen fehlender Brücken seit Jahrzehnten verlassen sind. Die einzigen Bewohner sind Viehherden, die man in der schönen Jahreszeit mit Kähnen übersetzt und auf diesen natürlichen Koppeln in aller Freiheit weiden lässt; vom Ufer sieht man die flechtengrauen Ruinen der einstigen Meiereien, die allmählich unter Efeu und Brombeerranken versinken. Dieser Rückgang der Kolonisierung üppiger Böden, die reiche Hanf- und Tabakernten boten, zeigt, dass der Scheitelpunkt der Erschließung dieser kostbaren Talgegend schon überschritten ist: Während man solche Ecken in Amerika gar nicht erst angerührt hat, überlässt man nun jeden Morgen Fläche außerhalb des mit motorisierten Landmaschinen leicht zugänglichen Bereichs der Wildnis oder dem Vieh. Als habe die schwierige und heikle Landwirtschaft, die für Nutzflächen das war, was Spitzenklöppeln für die Schneiderei ist, und die geschickt jeden Zollbreit Boden nutzte, im Innersten zu modern begonnen und künde in Gestalt der ausgereiften, höflichen und zivilisierten Aneignung, welcher der Mensch die Erde unterworfen hat, von einem weitreichenden Rückzug.

*

Unterwegs von Château-la-Vallière nach Château-Renault: Die Gâtine tourangelle (Waldflecken, verlassene Wege, triefnasse Ton-mit-Feuerstein-Fluren, über denen kein Kirchturm aufragt) zieht nirgendwo die Blicke auf sich, aber die Erinnerung klammert sich, als wären es Knoten im Taschentuch, an die einzigen drei Städtchen oder Dörfer, die jene Landschaft abstecken: das steinige und regnerische *Neuillé-Pont-Pierre* mit seinen beiden Reihen stattlicher Häuser, anonym wie Kanzleien, seiner Allee gekappter Linden, die im Platzregen die Tristesse einer Bahnhofstraße verströmt und bloß zu einer Ampel führt, seinen Trottoirs, auf denen nie jemand unterwegs ist – *Beaumont-la-Ronce*: das plötzliche Abtauchen der Straße unterm schwarzen Gewölbe eines Hohlwegs von Blättern, kühl wie eine Wasserstelle in der saharischen *Hamada* nach dieser Fahrt übers Kreideplateau, die alten mooszerfressenen Parkmauern, die langsamen und schweren Tropfen, die sternförmig auf dem Asphalt zerspringen, als drücke man einen Schwamm aus – *Saint-Laurent-en-Gâtines*, das man hinterm Wald in Verlängerung der einsamen Straße schon von weitem ahnt und erspäht, die kurze Spitze des Kirchturms, in eigenartiger Höhe auf etwas gepfropft, das mit seiner Ziegelmontur und seinen schmalen weißen Maßwerkfenstern einer mit Gigantismus geschlagenen feudalen Scheune gleicht: In Chicago sah ich etwas Ähnliches, eine falsche gotische Kathedrale, die mit ihren Häkelbortentürmchen bizarrerweise auf der vierzigsten Etage eines Wolkenkratzers ruhte.

Dahinter der schwere und hochstämmige Wald von Blois, dem die breiten Grasbänke an der Straße einen Hauch von Majestät verleihen, seine Seitenalleen, die so düster sind, dass ich immer denke, unter diesem Laubdach müsse Charles VI. verrückt geworden sein – und nicht im heute kaum noch vorhandenen Wald von Le Mans. Seine letzten Zweige berühren die ersten Häuser am Ortsrand: Dieses verliebte Ineinander von Baum und Stadt erinnert an den geheimen alten Traum von der von Zweigen umschlossenen *Siedlung im Wald*; eben dieser Traum führte mich vor einigen Jahren zu meiner Enttäuschung – weil ich auf einen Satz von Valery Larbaud vertraut hatte – ins

Innere des Waldes von Tronçais, auf der Suche nach Saint-Bonnet-le-Désert.

*

Die Höhen von Écouves sind eine hoch über den Ebenen Westfrankreichs schwebende Wandelhalle blauer Wälder. Schwere und struppige Kämme, ragende Stämme, forstliche Hochaltäre, krumme hölzerne Zangen und Hörner umfangen kesselähnliche Grasspiegel, mondschlummernde Lichtungen, unerschütterliche, orgelpunktartig schweigende Felder, Fluten ruhiger Bilder, die aus dem Gewebe des Waldes zusammengesetzt sind wie Träume aus dem Stoff des Schlafs. Emporsteigend taucht man ein in eine Stille scharf und lebhaft wie der Geruch von Schnee, eine Koralle grüner Sterne, wo Kiefernduft knapp über atollweißem Kies rauscht mit der Leichtigkeit augenfleckiger und durchbrochener Kirchenfenster, vom Wind mit fedriger Algensanftheit über den Sand getrieben. Die Gipfel sind ein Mysterium der Einsamkeit, ein regloses Versailles auf von Zweigen überschwemmten Höhen, wo die schnurgeraden, drei Meilen langen Linien der königlichen Alleen in schwindelerregendem Schlingern gleichförmig dahinziehen – bestirnt von ewig leeren Kreuzungen, Wegweiser von der manischen Genauigkeit eines Dornröschenwalds, auf denen die eingekerbten Namen unter dem Mantel der Stille zum überwältigenden Brausen einer dumpfen Glocke oder Seemuschel anschwellen: Carrefour du Chêne du Veneur, Croix de Médavy, Carrefour de la Branloire – von Traumrasen gesäumt, der morgenblauen lockenden Ferne in die Falle gegangen am Fluchtpunkt von Perspektiven, die ins Leere zielen wie Kanonenrohre, sternförmige Risse aus Taumel und Luft, die die Arterien mit Auferstehungsblut durchspülen. Die Front von Écouves schiebt sich in die blaue Luft und in die stillen Lande vor, von höheren Winden umspielt, immerzu drohend, ein zottiges Stück Planet mit erhabenen Ausblicken, von Riesinnen verdrehten Ästen, schläfrigen Alleen, ein hochmütiger magischer Garten und hängender Wald mit sanften stummen Tieren, auf offenem Meer überm Tiefseegraben erblühtem Leben, nutzlosen Wegen, Balkon des Traums und reizender Manzanillobaum, behütet und befremdend mit seiner dichten aquariumsgrünen, glockendurchzitterten Luft, inselgleich und wie ein Seestern an Land, der seinem inneren Meeresrauschen lauscht und sich darin wiegt.

*

Der Genfer See, an dessen Ufern ich per Schiff von Évian nach Nermier, dann von Nyon über Chillon und Saint-Gingolph nach Évian entlangfahre, erst unter brennender Herbstsonne, ab Saint-Gingolph im Sturm. Die gedanken- und aussichtslose Trübsal des dritten Lebensalters lastet auf der von kleinen Raddampfern lustlos hin und her transportierten Nachsaison-Klientel, die in ihren weißen Uniformen Nurses gleicht, die die Rollstühle von Invaliden durch die öffentlichen Parks am See schieben. Und trübselig unter der Sonne ist auch dieses charakterlose Schweizer Ufer mit seinen von Siedlungen zerfressenen Rebhängen und dem haltlosen Gepurzel der Häuser hinab zur Böschung: vorstädtischer Lichthof, der um eine leere Mitte kreist, am Wasser gelegene Außenbezirke einer versunkenen Hauptstadt.

Trübselig ist nicht ganz das richtige Wort: Was mich an diesem Nachmittag gleichgültiger Zwischenstopps an Rasenflächen, Laubengängen, Trauerweiden, von der Fünf-Uhr-Sonne noch warmen, mit Plaids und Mantelröcken reich geschmückten Parkbänken überkam, war eher hilflose Bestürzung: Eine ausgeblichene, verbrauchte, an den Steilhang des verbliebenen Sonnenufers sich klammernde Menschheit wartet reglos auf die Stunde des letzten Kopfsprungs. Die Bürde des Menschseins, hier noch verstärkt durch die des Alters, lastet schwer auf dem vollständig bebauten Schweizer Ufer, durch das man sich an die gedrängten Sitzreihen im Bottich eines Stadions erinnert fühlt; das französische Ufer ist düsterer, weniger dicht besiedelt, hier und da noch mit alten Dörfern besetzt, von Beton beinahe ganz verschont und wirkt anziehender: In Saint-Gingolph, in Meillerie sind Dörfer als schmaler Saum ans untere Ende der Waldvorhänge genäht, die in geraden Falten seewärts rutschen, blaugrüne Schatten fallen auf das schwere und geheimnisvollere Wasser; die Felsen von Meillerie gedenken noch der »Träumereien des einsamen Spaziergängers« und der »Neuen Héloïse«, während in den quadratischen Weingärten am Schweizer Ufer, die der Bebauung harren – der Mostgeruch unterliegt dem des Benzins –, nichts mehr an die »Weinlese in Clarens« erinnert.

*

Neuchâtel: Überall die schweren viereckigen Silhouetten der Geldspeicher von Banken und Versicherungen, die an ein verkleinertes Modell der Seeseite von Chicago denken lassen.

In der Schweiz geboren werden: Alle Kindheitserinnerungen sind Postkartenmotive. Die Verwurzelung erfolgt in einem öffentlichen Park: eine Variante, die Barrès nicht vorhergesehen hat. Unter dem erdrückenden Überbau des Tourismus ist die nationale Eigenheit gleichsam verschwunden, alles widmet sich dem Anzapfen des Transitverkehrs. Was wird aus der Verbindung der Einheimischen zu ihrem Marktflecken, ihrem Umfeld, ihrer Landschaft, wenn das Zahlenverhältnis von Ortsansässigen zu Besuchern, wie hier, unter einen bestimmten kritischen Wert fällt? Erwächst ihnen eine Saisonseele? In der verzweifelten Parteinahme Schweizer Schriftsteller für das Ländliche (die Winzer, Handwerker, Dörfler bei Ramuz, rührende Versuche, dem helvetischen Dorf Substanz zu verleihen, etwas anderes aus ihm zu machen als das parodistische Aushängeschild eines gutbürgerlichen Trödelladens) scheint sich eine tief sitzende Unruhe in Bezug auf die eigene Identität mitzuteilen. Der wallonische Schriftsteller fühlt sich im schlimmsten Fall bloß wie ein etwas randständiger, einen Dialekt sprechender Franzose. Dagegen hat derjenige der französischen Schweiz die Empfindung einer fluchbeladenen Zurückgebliebenheit: nichts als der Bodensatz einer Vase zu sein, deren flüssiger Inhalt jeden Tag gewechselt wird.

Land ohne Aristokratie, ohne Schlösser, ohne Haltetaue, das sich an jeder seiner Grenzen zu verflüchtigen scheint. Eine starke militärische Organisation hätte ihm das fehlende Gerüst geben können. Die Schweiz könnte Europas uneinnehmbare Festung, sein Wachposten und seine Garnison sein; stattdessen hat sie ihre Landsknechte an alle Monarchien des Kontinents verliehen und es vorgezogen, Europas Bankschließfach zu werden.

*

Von der kurzen Reise, die ich im Juli nach Toulon unternahm – um die Premiere von *Penthésilée* im Théâtre de Châteauvallon[1] letztlich doch zu verpassen –, ist mir vor allem die besonders abstoßende Hässlichkeit *Beaucaires* in Erinnerung geblieben: Enge und modrige Straßen zerschneiden hohe, mit Wäsche behängte Blöcke, unansehnlicher als römische *insulae*[2]. Ein Damm, windig wie eine Mole, riegelt die Stadt von ihrem Fluss ab und sperrt sie ein; in der waschküchenartigen Schwüle, die der gewittrige Abend ausschwitzte, packten Araber auf der Terrasse eines Cafés ihr Geschirr unter den Platanen aus und sogen im Dämmer die opake Stickigkeit ein, die den Chemiefabriken entwich. Fast niemand auf der Straße, kaum dass es Nacht geworden war (und das in der Provence!), Stille und verschlossene Türen. Man spürte, dass die ganze, unlängst noch anmutige und freundliche Bevölkerung dieser mit Salz und Schwefel geschlagenen industriellen Bilge unwiderruflich den Rücken gekehrt hatte; der provenzalische Himmel zog sich mit Nebel zu, gab es doch nichts mehr zu bescheinen als die triste Herde in Speicher und Fabriksiedlung.

*

In einem Winkel meiner Erinnerung liegt ein Verkehrszeichen im Hinterhalt, das hartnäckig den Übertritt ins Land des Meeres, ins leichtere Leben der Ferienzeit verheißt. Eine Grenze, hinter der mir das Ziehen der Wolken plötzlich lebhafter und aufgewühlter, das Licht prasselnder erscheint, wo mit einem Mal das muntere *Allegro* von Himmel und Laubwerk erwacht, das für Landschaften am Meer typisch ist. Dabei handelt es sich, unterhalb einer dichten Buchenschonung, bloß um einen Kreidehang, den die Straße von Paris nach Dieppe in einem Bogen umgeht, während sie eine starke Steigung nimmt, irgendwo an den Ausläufern des Pays de Bray. Jedes Mal, wenn ich dort vorbeikam, merkte ich, wie mein Herz aufging und die Sorgen abwarf, den Wechsel in die Gefilde eines faltenlosen Lebens begrüßte. Warum? Nie habe ich die Ferien in Dieppe verbracht, war auch nicht öfter als ein halbes Dutzend Mal dort. Und auch der Ort dieser Wegbiegung selbst ist reizlos und alles andere als schön. In Wirklichkeit hat der intime und sentimentale Code, dessen Wegzeichen auf wiederaufgesuchten, einst vertrauten Reiserouten ihre Maut erheben, nichts mit den auf Straßenkarten grün hervorgehobenen Strecken zu tun und auch nichts mit den Sternen denkmalgeschützter Orte, ja nicht einmal mit Stellen, an die man sich genau erinnert. Eher schon, glaube ich fast, mit Wahlverwandtschaften, wie sie Goethe in seinem Roman erkundet und benannt, in ihrer Vielfalt aber nicht annähernd ausgeschöpft hat.

*

Die Küste des Pays de Retz zwischen Saint-Michel und Pornic ist wenig belebt, wenig bebaut und, wie mir schien, seit dreißig Jahren unverändert. Die Landschaft mit ihren kleinen Tälern und Hügeln ist klar vom Meer geschieden; es gibt keinen Übergang; bis an die schmalen braunen Sandbänke, die bei ablaufendem Wasser zutage treten und denen sie anscheinend keine Beachtung schenken, steigen und sinken die bergig-erdigen, mit Weißdorn und Brombeerbüschen eingefassten Wege des Bocage; als ich sie aufsuchte, lastete Spätsommerhitze auf den Felsen, ohne dass der kleinste Hauch ihnen Kühlung zugefächelt hätte. Das Aussehen der Marktflecken an der Küste ist streng ländlich geblieben mit ihren Rathausschulen aus Ziegeln mit einem Besatz von weißen Steinen, doch am niedrigen Kliff, an dem keine Straße entlangführt, erstrecken sich diskret umfriedete Anwesen über weiten schattigen Meereshöhlen, die allseits bis zu den Wellen hinab ummauert sind und unterm Mützenschirm der Kiefern dem schmalen Blickspalt unter gesenkten Lidern ähneln. Wenig Kommen und Gehen, wenig Geräusch; an diesem Gestade ist eine Art wohlhabende, aber äußerlich zurückhaltende Besatzung erfolgt in der exklusiven Form einer mimosenhaften Abschottung vom Meeressaum; im Vergleich zur schludrigen und lärmenden Promiskuität der Strände der Vendée herrscht hier die etwas steife Zurückhaltung von Theatern, die komplett in Logen aufgeteilt sind. Kein Casino, kein Tanzlokal; nirgends ein öffentlicher Ort; man merkt, dass die Menschen hier in kleinen

Gesellschaften zusammenkommen, im Schutz von Mauern, unterm Dach der Kiefern, mit dem Meer als weitgehend überflüssigem und nur dann und wann in Erscheinung tretendem Spektakel, wie die Oper auf Italiens Bühnen bei Stendhal.

*

Oktober auf dem Land. Ich fahre auf dem Sträßchen nach Anetz, das sich unters Bahngleis schiebt und eine Schleife macht am Ufer der Loire, die hier, gegenüber dem Kirchturm von Le Marillais, breit und insellos ist. Trotz des hellen Nachmittags ist so etwas wie ein schleichender Geschmack von Rauch vorhanden, der einen verfolgt, als hätte ein Umschlagen des Windes ihn gerade erst vertrieben: Geschmack von Aufbruch und Beurlaubung, von Herunterbrennen und von Abschied, mit dem die Erde sich erneuert und der mich stets beflügelt. Die Trockenheit des Sommers hat die Pappeln entlaubt, bevor sie gelb wurden, doch die Brombeerhecken fangen gerade erst an, rot zu werden: Die während der Weinlese aufgesogene Farbe reift noch unter dem schon winterlich angehauchten Astwerk. Nie bricht die Nacht wollüstiger, satter vor gepolsterter Geborgenheit und Wärme an als in dieser Jahreszeit, wenn es gegen sechs Uhr dunkel wird, zur Stunde, da die Lichter angehen. Auf der Rückfahrt spukt mir ein Satz im Kopf herum und verfolgt mich,

Erinnerung an ein *Diktat* in meiner Kindheit, zweifellos stammt er aus einer von Jules Renards ländlichen Skizzen: »Über eine schon verwehte Straße kehre ich ins Dorf zurück.« Er durchlebt die Bedrohung des *no man's land* der Kindheit, das einen stets wieder umschließen kann und sich nachts unabsehbar weit um den warmen Herd ausdehnt.

*

Sion: Im Kiefernwald. Ich laufe durch einen Hohlweg aus Treibsand zwischen zwei Dünen; eine Viper liegt ausgestreckt in der Sonne, unbeweglich. Ihre Haltung mitten auf dem Weg spricht so sehr für ein totes Tier, dass ich unbesorgt vorübergehe, doch als ich mich umdrehe, sehe ich, wie sie mit fließenden Bewegungen träge in den Schutz der Büsche zurückkehrt. Seltsam der Alarm, der meine Nerven durchzuckt: Einen Augenblick lang bin ich am Ursprung der Panik. Wenn das Leben sich sekundenschnell vom Leblosen abhebt und die Tarnung aufgibt, verwandelt sich das Antlitz der Erde ins Gesicht des Gottes Pan.

Nichts ist so unbeweglich wie ein Kiefernwald unter der Sommersonne: Man glaubt für einen Moment, dem Übergang von einem Reich zum andern beizuwohnen: Schon tritt das Pflanzenreich zur Hälfte in den Dienst der Mineralisierung, die trockene und unveränderliche brütende Hitze im Unterholz erscheint nicht als vorübergehende Eigenschaft der Luft, sondern eher als die exakte kritische Temperatur, die für diese Metamorphose erforderlich ist.

*

Wenn man über die Straße von Avallon nach Semur-en-Auxois kommt, hat man an einer Biegung jenseits der Schlucht plötzlich den kompakten, vom Band der Mauern eingeschnürten Strauß seiner rosigen Dächer vor der Nase. Nach dem Abendessen betrachtete ich von der verlassenen und von schönen Bäumen gekrönten Promenade herab im Mondlicht das erstarrte Geröll grauer Steine, aus dem die Stadt über der grünen Talmulde besteht, die aufgetürmten Terrassen ihrer Gärten, die naiven Lavendel- und Johannisbeersträucher, die mit Nelken bewachsenen Mauern. Feuchter Dunst stieg aus der mondbeschienenen Schlucht auf, zwei oder drei Hunde bellten. Mir war, als trieben anheimelnde Kleinbürgerträume von der umfriedeten Stadt mit diesen Dämpfen durch die belaubte Schlucht, und die Ladenbesitzer müssten am Morgen – gewaschen vom Wildwasser, das die kleine Stadt umgürtet – eine ganz neue Seele vorfinden, gleichsam gefiltert durch den kühlen Ring der Stille.

*

Amiens. Kaum hundert Kilometer von Paris entfernt, war der Abdruck des Nordens überall spürbar in dieser Ziegelstadt, wo ich 1941, bedrückt von der düsteren Zeit (der Okkupation), in freudloser Umgebung und zweifellos als Reaktion auf diese einen Text mit dem Titel »Um den Städtebau zu galvanisieren« schrieb. Ich hatte immer eine Abneigung gegen zu nahe an Paris gelegene Verkehrsknotenpunkte, die über einen breiten Fächer von Nebenstrecken verfügen und, statt sich von allen Säften der Provinz zu nähren, um einen Bahnhof herum gewachsen zu sein scheinen: Ich mag weder Le Mans noch Vierzon, Städte ohne echten Ankerpunkt, die bei mir – vielleicht zu Unrecht – den Eindruck erwecken, sich aufs Geratewohl eines abstrakten Kalküls in einer undifferenzierten Gegend festgesetzt zu haben. Zudem haben Ziegelstädte nie mein Herz gewinnen können: Seit ich mit neunzehn von der Höhe der sie durchquerenden Bahntrasse das Desaster der Londoner Vorstädte überblickt habe, die unpolierten Sierras ihrer *rows* von der Farbe gestockten Bluts, ihre zwergenhaften, mit Kaninchenställen übersäten Hinterhöfe, in die das Auge senkrecht hineintauchte, graust mir vor jeder Architektur, die ihre Grundlage nicht in den Rohmaterialien Stein oder Holz hat. Trotzdem mochte ich später bestimmte Viertel belgischer Städte aus lasierten oder gelben Ziegeln mit makellosen Gehsteigen, wie ich auch in

Holland den delikaten Herbst der rauchfarbenen und patinierten Ziegel alter Städte mochte.

*

In *Le Grau du Roi* genügt ein Nichts an Vorstellungskraft, um sich für Augenblicke an die bevölkerten Ufer eines Arroyo in Thailand oder Kambodscha versetzt zu fühlen: grelle Farben, meergrünes Geplätscher im Schatten der Häuser, ein mit Kähnen verstopfter Kanal, übereinanderliegende Balkone, Galerien, *Show-boat*-Zwischengeschosse, überdachte hölzerne Seebrücken mit Ausflugslokalen, in denen man Frittiertes und Fischsuppe serviert – auf gleicher Höhe wie die im schmierigen Wasser treibenden Schwimmer der Angelruten.

*

Fast alle Landschaften aus jüngerem Schwemmland sind unansehnlich: das Bourbonnais ebenso wie die Crau, das Schweizer Mittelland ebenso wie die Bas-Dauphiné: unharmonische, inkohärente Erdbewegungen wie bei *Kriegsspielen*[3] im Sandkasten oder auf Baustellen, die Bulldozern zum Opfer fielen, widerstandsfähige und vielästige, stets zu dickichtartiger Verwilderung neigende Vegetation, trübe

Wasserlöcher, die weniger an Teiche als an Mergelbecken oder vollgelaufene Kiesgruben denken lassen. Nur die Landes und die Sologne nehme ich von dieser tiefsitzenden Abneigung aus. Zwischen einer auf Felsen ruhenden Landschaft, deren Gliederung durchweg von der Beschaffenheit und dem Gerüst der Tiefenschicht bestimmt wird, und einer, die sich undifferenziertem bröckeligem Schutt anpasst, besteht der gleiche Abstand wie zwischen einer Konstruktion aus Granit oder Quadersteinen und einem Bau aus Strohlehm.

*

Zwischen Bellegarde und Nyon erhebt sich die Mauer des Jura stellenweise wie mit einem Ruck über die rundlichen Hügel des Plateaus, so wie die fliehenden Planken eines alten Schiffs drei Decks hoch über den Wellen. Genauso erhebt sich, im Profil gesehen, das lang gestreckte Rückgrat der Dent du Chat über den Lac du Bourget. Doch für einen Spaziergang unter den hohen Hainbuchen am Ufer dieses viel gerühmten Sees würde ich allenfalls eine Stunde in der Morgenkühle wählen. Die Tristesse der staubigen Alleen in Aix-les-Bains hat mich abgeschreckt, sie erinnert eher an Luxeuil oder Bourbonne-les-Bains als an Evian. Nichts ist anmutloser als die Hügel des Alpenvorlands, an die sich die Stadt schmiegt: Selbst das Grün dieser Geschwulste aus Sedimentgestein wirkt struppig, schlecht gepflanzt.

*

Es gibt eine Sinnesempfindung aus der Kindheit, die ich nur noch flüchtig und in großen Abständen wiederfinde: nicht den leichten, berauschenden Geruch frisch gemähten Heus, sondern den schon holzigen Geruch hoch aufgeschossenen Krauts im Juni, das von der Nachmittagssonne an den Wegen aufgeheizt wird: ein herber, klebriger, pfeffriger und bitterer, beinahe sexueller Geruch, der einem wie keiner sonst zu Kopf steigt. Jedes Mal, wenn er sich wieder bemerkbar macht, erweckt er in mir augenblicklich die Erinnerung an Spaziergänge während meiner Gymnasialzeit in den Vororten von Nantes, am Rand der freien Felder, an schon erstickend heißen Juninachmittagen: Dann lodert das mich damals beherrschende Gefühl, vom Leben ausgeschlossen zu sein, heftig, unbarmherzig wieder auf.

Eine Empfindung, die auch durch ein gutes halbes Dutzend Gedichte aus den *Illuminations* wieder hervorgerufen wird, welche bis zur Besessenheit vom Geruch sommerlichen Grases durchdrungen und vergällt sind. Rimbaud hat den Sommer (»der mich umbringt«) verachtet und geliebt – und auch diesen panischen Geruch, in den sich irgendetwas aus der

Hexenküche mischte, ein *verderbenbringender* Geruch in dem Sinne, den Barrès einer bestimmten Art Musik zusprach.

*

Die geheimnisvolle grüne Tür in Saint-Florent, überm Straßenniveau in eine mehr als fünf Meter hohe fensterlose Mauer eingelassen, welche an die Fassade der klösterlichen Gemeinschaft anschließt, des *Asyls*, wo ich lesen gelernt habe. Alles deutet darauf hin, dass diese Gefängnismauer einen Garten einfasst: einen geheimen Garten, *hortus conclusus*. Hunderte von Malen bin ich dort vorbeigekommen, nie habe ich die Tür offen gesehen. Über dieser hohen Mauer, die den Ausgang der Rue du Couvent versperrt, schwebt seit meiner frühen Kindheit etwas Kafkaeskes: Das mystische Verschlossensein des Grundbesitzes findet darin seine Quintessenz.

*

Wenn ich die Rue de la Février̀e hinaufgehe, werfe ich immer einen freundschaftlichen Blick auf das frühere Haus des Apothekers B., das äußerlich seit siebzig Jahren unverändert ist, aber heute fremd und abweisend bleibt, die Hälfte der hartnäckig verschlossenen Fensterläden ist hinter Hainbuchen verborgen, gestutzte Buchsbaumhecken umschließen den kleinen Hof mit der doppelten Treppe. Einst war es ein heiteres und gastfreundliches Haus, in dem ich spielte, plauderte, mit Georges B. Briefmarken und Bücher tauschte in dem heruntergekommenen, verwahrlosten, lächelnden großen Zimmer, das man den Fantasien der Kinder überließ und *Truppenübungsplatz* nannte. Wegen Georges' Schwestern bleibt es für mich immer das *Dreimäderlhaus*, und deshalb vernehme ich den Titel dieser etwas albernen Operette – ein Patchwork jämmerlich schlecht zusammengefügter Schubert-Melodien – nie ohne innere Rührung. Sie waren, so meine ich, weder auffallend schön noch besonders geistvoll, versprühten aber alle drei eine freudige, schickliche, unerschöpfliche Liebenswürdigkeit, die aus ihrem Haus ein idyllisches *Heim* machte, wie es im Buche steht, eine Art Pensionat für Mädchen irgendwo zwischen den Schülerinnen bei Francis Jammes[4] und den *Vier Töchtern des Dr. March*[5]. Den Apotheker, einen Jugendfreund meines Vaters, Geiger und wie dieser eine Stimmungskanone, verband mit dem bewunderten Offenbach[6] seine gefällige und irrlichternde Hässlichkeit, seine Lebhaftigkeit und das weit hervorstehende Lorgnon; seine Frau entstammte einer der zwei oder drei sehr frommen Familien in Saint-Florent und hielt ihren der Boheme zugeneigten Gatten maßvoll am kurzen Zügel; die drollige Gegensätzlichkeit dieses Paares wirkte, wie es manchmal geschieht, als treibende Kraft statt als Quell von Störung und Stillstand, und die Hausgemeinschaft folgte bereitwillig diesem chaotischen Gespann: impulsive Frömmigkeit auf Grundlage von Lachanfällen, Scharaden, improvisierten Verkleidungen, Rosenkranzgebeten und Puppengeschirren, dem Tausch von Heiligenbildern und Krocketpartien.

Eines der Mädchen ist vor langer Zeit, fast noch als Kind, gestorben – ich glaube, damals war ich neun oder zehn –, und zwar an der Krankheit, die das Vorkriegs-Saint-Florent dezimierte: der Schwindsucht. Die anderen Kinder wurden in alle Richtungen verstreut, das Haus vermietet, der Bewohner zieht darin sein behindertes Kind auf, dessen einsames Gesicht man zuweilen von der Balustrade der Terrasse zur Straße sich hinunterbeugen sieht; und mir kommt es vor, als habe sich auf das Haus, das einige Jahre lang ein deutsches Lied war mit seiner zärtlichen, fröhlichen Heiterkeit – ja, ein wahres Schubert-Lied und nicht eins von Schumann –, eine unentrinnbare Last gelegt gleich dem Herannahen der Todeskälte. Manchmal frage ich mich – denn ich habe kaum Kontakt zu ihnen –, an welchen Spielen die Kinder heute Freude haben in unserem damaligen Alter, also wohl zwischen acht und elf. Vielleicht sind es die gleichen – diese Freuden bleiben uns verborgen, und noch immer herrscht das Gesetz der *Omertà* über die kindliche Mafia. Vielleicht sind sie aber auch – weil ihnen viele Dinge zu schnell enthüllt werden – hastiger, gröber, nervöser im Bedürfnis, diese augenblicklich auszuschöpfen, das heute so früh erwacht: Manchmal, wenn ich auf der Straße die Ausbrüche ihrer aggressiven Fröhlichkeit ohne echte Wärme mitbekomme, denke ich an den Schlussvers von Poes *The Haunted Palace*:

And laugh, but smile no more

Für mich aber und vielleicht noch drei, vier andere weht hinter seiner heutigen Tristesse, hinter dem schwarzen feuchten Reisig seines dezemberlichen Gartens manchmal noch immer ein Lächeln durch dieses alte Haus, wie das Lächeln der Katze in *Alice im Wunderland*.

*

Promenadenhänge. Wenn ein sonniger Morgen durch die Straßen von Paris zu schlendern verlockt, wirkt kein Hang einladender auf mich als jener lange sanft abfallende, der sich an der Rue de Tolbiac jenseits der Butte-aux-Cailles von der Avenue d'Italie bis zur Rue d'Alésia erstreckt. Warum bereitet mir alles an dieser Strecke Freude, von der weitläufigen, gradlinigen, vornehm geneigten Avenue d'Italie, die in der Zehn-Uhr-Sonne wie eine Straße bei Apollinaire trompetet – für mich die wahre Pariser *Puerta del Sol* –, bis zu den luftigen Senken, wo die Gärten des Sainte-Anne-Hospitals noch eine Ahnung des vorstädtischen kühlen Flusslaufs bewahren, der bis ins Herz von Paris vordrang? Die noch immer (und wie lange schon) unversehrten Ulmen überspannen die Bürgersteige an der Rue de Tolbiac im Frühling mit einem schwerelosen Sonnensegel aus Grün, durch das die Sonne wie durch gestreiften Zeltstoff am Strand scheint; überall ziert holländische Schlichtheit die zurückhaltenden Schaufenster der Läden. Die Passanten zeugen von einer schwer zu bestimmenden Bevölkerung: weder Bürger noch wirklich aus dem Volk, arbeitsam, aber, wie es scheint, frei von allzu strengen Zeitvorgaben: Eher als an ein Arbeiter- oder ein richtiges Wohnviertel denkt man bei ihrem Anblick ans geschäftige Kommen und Gehen des Personals an den Parks, Pavillons und Quellen eines Kurorts. An den Kreuzungen der benachbarten kleinen Straßen, deren Namen, wie Moulin-des-Prés, an eine noch nicht ferne ländliche Vergangenheit erinnern, bieten sich Ausblicke auf vergitterte nahe Gärtlein, mit wildem Wein behangene Häuschen, die den ruhigen balsamischen Atem der Provinz verströmen. Das freundschaftliche Gefälle dieser Straße kommt dem Schritt des Spaziergängers ebenso entgegen wie einer Barke die Strömung des Wassers.

Es gibt keine Cafés in der Rue de Tolbiac. Trotzdem hatte ich jedes Mal, wenn ich vorbeikam und der Himmel zwischen den jungen Trieben der Ulmen zart und knittrig war wie Seidenpapier, im Innersten das Gefühl, willkommen zu sein.

*

Warum – und warum gerade, als ich 1932 mit dem Fahrrad oder zu Fuß den Süden des Anjou und zehn Jahre später die westliche Normandie durchstreifte – überkam mich auf mancher Strecke oder manchmal auch nur für eine Stunde während der Etappe diese plötzliche und grundlose Seligkeit, die mir eine Passage im *Großen Meaulnes* so teuer macht? Jene, in der Meaulnes in die frisch gefegte Tannenallee des verlorenen Landguts einbiegt. Ich erinnere mich an mindestens zwei dieser auguralen Aufhellungen: als ich von Tigné, einem gesichtslosen Städtchen im Anjou, nach La Fosse-de-Tigné zurückkehren wollte, dessen Kirchturm sich bald versteckte, bald auf kapriziöse Weise wieder hinterm Wald zum Vorschein kam, und später, als ich von Caen nach Vire radelte und die Küste vor *Le Mesnil-Vilbert* hinunterfuhr (bei dem Namen bin ich nicht ganz sicher). Was mir eine Empfindung von Erweckung und Leichtigkeit eingab, war nicht das Gefühl, das Meaulnes beschrieb: das Gefühl (ich zitiere aus dem Gedächtnis), »dass er angekommen war und ihn nur noch Gutes erwartete«, sondern im Gegenteil eher das Gefühl, dass dort etwas seinen Anfang nahm, wie die endlosen Schneisen im Wald oder die zerfallenen Straßen, die noch geheimnisvoll im Dickicht wachten und deren Zauber meine Bücher bewahrt haben. In Le Mesnil-Vilbert sah man, wie jenseits des jäh abfallenden kleinen

Tals auf einem Kamm, den die Hecken freigaben, die ersten Farne und Ginstersträuche einer Heide Posten standen. Mein Blick bleibt immer gern an solchen Rainen hängen, die eine Veränderung der Landschaft ankündigen; besonders wenn es Abend wird, liegt für mich die Erwartung, dass sich der Vorhang endlich hebt, über solchen Brachlandsäumen, von denen man spürt, dass die Erde dahinter endlich verwildern könnte. Doch hundertmal entlang der Strecke waren der Vorstellungskraft solche Köder ausgelegt, und meist nicht so magere, ohne dass sie anbiss: Hier plötzlich singt der Vogel Siegfrieds, mit noch undeutlicher Stimme zwar, aber durch die unbekannten Akkorde schon bestimmbar: Verstehen könnte man ihn freilich nur um den Preis, alles hinter sich zu lassen – und wenn ich auch Vorbehalte gegen seine Methoden und oft fragwürdigen Hoffnungen hege, so habe ich doch, selbst wenn ich ihr nicht gefolgt bin, nie an der Forderung gezweifelt, die dem Surrealismus zugrunde liegt und ihn angesichts solcher Lockungen letztlich ausmacht: »Lasst alles liegen! Macht euch auf den Weg!«

*

Jedes Jahr mehr verkümmern und schwinden die Gemüsegärten, welche die Kleinstädte mit einem zarten grünen Ring umfassten, von nährenden Säften lind gebläht. Der Franzose von 1978, der noch bereit ist, wie der Amerikaner den Rasenmäher übers Gras vor seinem Bungalow zu lenken, lehnt es nunmehr ab, Gemüse anzubauen. Der lebenswichtige Kontakt der pflanzenden und jätenden Hand mit dem Boden, das bescheidene physiologische und doch strahlende Glück, der trockenen Erde freigebig Wasser zu spenden, auf die grünen Triebe zu lauern, die den Sand über der Saat durchbrechen, zu verfolgen, wie die Bohnenranke kletternd ihre Stange ziert, all das wird uns wohl unwiderruflich fremd. Das beglückendste, ertragreichste freiwillige Tun, bei dem ein Leben sich darauf verwendet, andere Leben zu nähren, zu pflegen, zu schützen, auszulichten und zu lüften, unlängst noch ein bereichernder Zeitvertreib für viele, verschwindet in dem Augenblick – und man ist versucht zu sagen, in dem Maße –, wie das Adjektiv »kulturell« in aller Munde kommt, von amtlichen Texten ganz zu schweigen. Kann eine Kultur, die von jedem Kontakt mit dem Primärsektor abgeschnitten ist und sich leichtsinnigerweise rühmt, unter so schlechten Vorzeichen vor aller Augen wiederzuerstehen, vom rein *Relativen* leben, ausschließlich auf ein System wechselnder Bezüge gestützt? Eine Kultur, die nur noch ein System von Funktionen im Sinne der Mathematik ist, ohne jede Verankerung, ohne einen Pakt mit den rohen chthonischen Mächten zu schließen und auch einzuhalten, die den Saft zirkulieren ließen und sie als Ganzes versorgten?

*

In Saint-Florent. Ich betrachte die Landschaft vor meinem Fenster, also das, was ich in meinem Leben wohl am häufigsten betrachtet habe. Es kommt mir vor, als vernähme ich noch das sonntägliche Vesperläuten meiner Kindheit, einen vollen, reifen, gleichsam bernsteinfarbenen Klang, mit dem ein Tag der Schwelgerei und Muße in seinen Herbst trat. Ich betrachte den Hügel von Le Mesnil, die Biegung der Loire, die grüne Wand der Pappeln auf der Insel, hinter der die wattigen Cumuli dieses ersten Oktobernachmittags langsam aufziehen und zerfließen. Mich überkommt dabei aber keine Ruhe, kein ermutigendes Gefühl der Beständigkeit, sondern eher das sorgenvolle Unbehagen, das uns vor einer zur Fällung markierten Baumgruppe beschleicht, vor einem vertrauten Bauwerk, das abgerissen werden soll; die Erde hat ihre Belastbarkeit und Widerstandskraft verloren, dieser Hügel kann heute nach Belieben abgetragen, jener Fluss trockengelegt, die Wolken können aufgelöst werden. Der Augenblick ist nah, da der Mensch im Grunde nur noch sich selbst gegenübersteht in einer Welt, die ausschließlich von seiner Hand *nach seiner Vorstellung* gestaltet ist – und ich bezweifle, dass er sich dann ausruhen, sein Werk genießen und es für gut befinden kann.

AUGEN-
BLICKE

»DAS nahende Alter macht Julien Gracq nicht den Menschen zugeneigter. Wie viele Landschaften, wie viele Städte gibt es in diesem Band, der halb Reisetagebuch, halb Prosagedichtsammlung ist … und welche Menschenleere!«, schreibt über *Witterungen II* der humanistische und insgeheim betrübte Kritiker der Zeitschrift *Études*. Das stimmt … Aber die Zeit – falls eine zerfallende Sprache wie die unsere die Übermittlung meiner »Botschaft« (wie sie sagen) noch für ein paar Jahre sicherstellt – arbeitet für mich. Ich hoffe nicht darauf, wie man es letztes Jahrhundert noch konnte, im Jahr 2000 oder 2010 gelesen zu werden. Wenn die Erde zwanzig Milliarden Einwohner hat, mit dem erstickenden Brei des Soziallebens ringt und bis zum Hals darin versinkt, wünsche ich mir nur, dass meine Bücher auf irgendeinem abgelegenen Regalbrett (in Avantgarde-Ausstellungen sieht man versiegelte Flacons mit dem Etikett »Pariser Luft 1975«) ein Zeitalter bezeugen, in dem es auf dem Planeten noch ein paar einsame und leere Zwischenräume gab, Gewässer, die nicht zur Gänze als Brauchwasser dienten, ein wenig Luft, die noch nicht nach den Lungen unseres *Nächsten* schmeckte.

Solche Bücher wünschte ich mir im Gegenteil noch weniger mit menschlichen Angelegenheiten beschwert, sondern vielmehr bloß bestrebt, den unberührten Raum auszuweiten, der allein in der Lage ist, dem »Moschuskorn, das unsichtbar am Grunde unserer Ewigkeit ruht«[7] und sich im Laufe unseres Lebens höchstens drei- oder viermal inkarniert, die Entfaltung seines Duftes zu ermöglichen. Der Mensch? Natürlich! Wer sollte sonst Subjekt sein? Doch den Geschmack des Menschen nimmt man nur wahr, wenn er Legion ist, genau wie den von Erbsen.

*

Worüber ich oft schreiben wollte und vielleicht noch schreiben werde, sind die von mir so genannten *Lebensknoten*. Nur ein paar Fäden, die aus dem Unbestimmten kommen und dorthin zurückkehren, sich aber für einen Augenblick verflechten und festziehen – sich zwischen den losen Enden, die an beiden Seiten flattern, auf entscheidende Weise verschnüren. Eine Art isolierte und innige Verknotung, über der das Gefühl der Fülle des *Beisammenseins* liegt.

*

Immer mehr schätze ich bei jedem Wesen die Größe der Kontaktfläche, die es mit der Welt und dem Leben entwickelt; Welt und Leben zählen weitgehend zum Bereich der »vagen Dinge«, von denen sich Valéry ein für alle Mal zurückzog. Am Ende bleibt so gut wie nichts, was dem Angriff eines Geistes von seinem Format standhält, nichts, was seine Mühlsteine nicht zu Pulver zu zermahlen vermögen, dennoch stellt sich ein Ausgleich ein, und man merkt bei der Lektüre der *Cahiers*, wie ihm eine letzte Naivität zuwächst: Je mehr sich die Fähigkeit des Geistes entwickelt, Dinge auf etwas »zurückzuführen«, desto mehr versiegt der Nachschub: Es gibt keine Saatfelder mehr, um diese Mühle zu versorgen, und man bezweifelt, dass er es wirklich merkt: Er langweilt sich, er langweilt sich aufgrund der Unenthaltsamkeit seines Geistes.

*

»Genug damit, die Welt zu verstehen: Jetzt geht es darum, sie zu verändern.« Wie schön. Das ist nun, so scheint mir, seit einem Jahrhundert und besonders seit dreißig Jahren ein wichtiger Teil des absolvierten Programms. Aber was ist jetzt zu tun? Weitermachen? Das hieße, die Sache weiter zu beschleunigen. Und eines wird immer weniger begriffen: Alle menschliche Arbeit und Erfindungskraft, die sich der Natur eingliedert oder unterordnet, erweist sich als Kontrollverlust und dreifach unergründlich für den Verstand. Eine der Augenfälligkeiten unserer Zeit scheint mir darin zu bestehen, dass der Mensch sich viel eher mit der Welt vertraut fühlt, die aus der Genesis hervorgegangen ist, als mit dem Sein und vor allem Werden dessen, was er selbst geschaffen hat und einführt. Übrigens täuscht sich darin kein

Schriftsteller mit Imagination: Alle *Robinsonaden* sind optimistisch, während Science-Fiction-Romane von Anfang an instinktiv die Stimmung der *Série Noire* annahmen.

*

Kleine Glückserlebnisse am Rande. Große kollektive Schiffbrüche bringen immer irgendeinen Ausgleich mit sich, den man vergisst – aus Scham vielleicht oder aus Reue, im allgemeinen Unglück davon profitiert zu haben. Unter der deutschen Besatzung genoss der Fußgänger den Luxus einer beispiellosen Intimität mit der Landstraße, wo auch immer er sich befand: Man spazierte über den Asphalt der Nationalstraßen, als wären es Alleen im Park (ich mit dem Rucksack auf den Straßen der Normandie und dann im Mai 1944, als ich mit dem Fahrrad aus Caen nach Saint-Florent zurückfuhr, praktisch ohne irgendeinem Fahrzeug zu begegnen).

Der zurückgekehrte Mondschein über den Städten. Angers in einer Vollmondnacht: die schwarze Masse des Schlosses, die schwarzen Turmspitzen der Kathedrale von der Doutre aus gesehen, darüber die am flammenden Mond vorbeiziehenden Wolken wie in »La Mort du loup«[8], die versteckte, verdunkelte, aber in all ihren Strudeln silbrige und speichelartige Maine[9].

Das ganze Leben und der ausgedünnte, erschlaffte Verkehr sanken auf einen nie gekannten Tiefstand – und über diesem Tiefstand kamen kahle, sonst verborgene, von Lärm und Verkehr umhüllte Zipfel zum Vorschein, nackter als Riffe, die nur bei Jahrhundertebben sichtbar werden; sprachlose opake Stille, stockdunkle Nächte, Bäche, die wieder zu schwätzen begannen, unbenutzte Straßen, die sich gähnend wieder hinzulegen schienen und wohl davon träumten, nirgendwo mehr hinzuführen.

*

Ich mag es nicht, wenn man sich vorschnell mit dem »kleineren Übel« zufriedengibt, ehe man sorgfältig alle direkteren Wege zum »höchsten Gut« erkundet hat.

*

Gedichte, die man sich beim Spazierengehen vorsagt, wie man ein Liedchen trällert. Nicht die schwere Artillerie der Dichtung, sondern luftlöslichere Sachen, die nicht viel wiegen und nicht dicktun, ohne deshalb gleich von Verlaine zu sein, dessen Naivität mir etwas zu schlitzohrig ist. Der Schritt des Flaneurs schwingt die Dichtung aus, lässt nur die flüchtigen Elemente ins Gehirn steigen, die ihn erfrischen, ehe sie sich in Luft auflösen: Lieder, die – lange, lange nach dem Tod der Dichter – noch durch die laue Luft der Straßen treiben. Oft verleiht ein Hauch von Abzählreim diesen Gedichten ihre Würze, bewahrt sie davor, zu altern und schwerfällig zu werden: nicht zu viel Hintersinn, nicht zu viel Wesentliches! – und jetzt, wie es irgendwo im *Gastmahl* [10] heißt, nur noch Musik!

*

Südseejahre von Stevenson. Das Thema liegt ihm, will ich meinen. Herrlich klare Beschreibungen von unnachahmlicher Diskretion der Mittel. Keinerlei Masse, sondern eine souveräne Kunst, sie zu *umspülen*, sie in Himmel, Wasser, Wind und Schweigen aufzulösen. Wenn das an jemand anderes erinnert, dann an Tolstoi, den Landschaftsmaler des Kaukasus (*Die Kosaken*).

In meine Freude an der Lektüre mischt sich der lebhafte Schmerz darüber, all das nie gesehen zu haben, es nicht mehr sehen zu dürfen.

Das Porträt von Tembinok, dem König von Apemama, mit seinem kraftvollen Relief, seiner Lebendigkeit, seiner Eigenart behauptet sich als das *einzige* literarische Porträt eines Wilden, das ich kenne. Schlagen Sie zum Beispiel *Magie Noire* von Morand auf (das nicht mal schlecht ist): Was für ein himmelweiter Unterschied!

Nur manchmal so etwas wie das Nahen einer Untiefe.

*

Angesichts der Generationenfolge stelle ich mir vor, dass sich das Kunstwerk wie um eine Achse dreht und jedem Jahrhundert ein neues Profil und zugleich eine genauere Vorstellung von seinem Umfang widmet.

Sternengleiche Meisterwerke – kein neuer Vergleich. Man erfreut sich ihres Flimmerns, doch es sind schon *andere* Strahlen unterwegs – für das nächste Jahrhundert.

*

Die *Bewegung* im Pflanzenreich, die sich immer auf jene der geschmeidigen Röhren zurückführen lässt, in denen der Wasserdruck steigt und fällt: Versteifung, Aufspreizen – Deflation, Welken. Die komplexen und bezaubernden Natursinfonien des Frühlings, der Blütezeit, des Herbstes werden letztlich von den Schwankungen dieser mal saugenden, mal pressenden Pumpe bestimmt. Die sinnliche – fast sexuelle – Freude, die das Wässern des Gartens an einem glühend heißen Sommertag vermittelt.

*

Schwere Maiwolken, für mich auf dem Land stets drückender, wenn sie über blühende Wiesen ziehen, als zu jeder anderen Jahreszeit. Die Kühe, hingefläzt im jungen Gras, wie Wäsche überall auf den Wiesen verteilt. In dieser aufblühenden Saison des hohen Grases erfreuen die mächtigen gehörnten Rindernacken, die sich klebrig aus dem Grün erheben, das Auge wie ein natürliches und vollendetes Attribut des unbeweglichen Schwellens der Säfte, genau wie ein Delfin, der geräuschvoll aus dem Meer emporschnellt.

*

Heute Morgen in meinem warmen Bett, gemütlich eingekuschelt, hellwach insofern, als ich mir über meine Lage, die Uhrzeit, den Wochentag, die Straßengeräusche, alle Dinge um mich herum im Klaren bin, sinniere ich darüber, dass ich vernünftigerweise aufstehen sollte, doch dieser Gedanke streift träge umher, und keine vorbereitende Bewegung begleitet ihn: Ein Integument, feiner als das unter der Schale eines Eies, umhüllt und isoliert mich noch – für einen Augenblick, *wunderbarerweise* –, nicht von der Welt des Lichts, der Farben, der Zeit, des Lärms, sondern vom Instrumentenbrett des Willens; die Kupplung, die den Körper mit dem Geist verschaltet und das Signal zum morgendlichen Aufbruch geben soll, zögert und dreht durch und braucht noch einen Moment, bis sie einrastet.

*

Zehn Tage ununterbrochenes Schauerwetter. Rußfarbene dickbäuchige Wolken schleppen sich knapp über den Dächern hin und bewässern zwischen zwei Sonnenstrahlen das Pflaster wie zum Hohn mit einem Schwall säuerlichen und eisigen Urins. Wie jedes Mal ergibt sich alles in mir einer obsessiv üblen Laune: schwerfällig der Verstand, die Stimmung gedrückt und frostig, das Hirn wie ein nasses Tuch. Manche Krankenversicherungspflichtige werden über Gebühr vom Eintreten des *Nebenrisikos* heimgesucht, und wie viele Stunden, wie viele Tage tätigen Tuns oder auch nur körperlichen Wohlbefindens hat mich die lebenslange, so schwer abzuschüttelnde Abhängigkeit vom *jeweiligen Wetter* gekostet!

*

Blau – für mich grundsätzlich die unbeständigste Farbe. Instinktiv begreife ich sie als eine – mehr oder weniger verdünnte – Lösung von Dunkelheit in Licht. Das wahre Blau – das Blau, das seinem Wesen selbst am nächsten kommt – ist nachtblau. Eine Farbe, die für mich ihrer Natur nach *umschlägt*. Es gibt kein *tiefes* Blau, sondern nur Schwarz. Dagegen gibt es ein tiefes Grün, und dieses ist der einzige Grund, warum man sich im Wasser, im Gras fläzt. Grün ist ein Appell, sich sinken, sich durchdringen zu lassen. Die Stufen der Farbe Gelb sind unterschiedliche Grade des Versengtseins und *reiner* Verbrennung. Blut ist eine Spielart von Gelb. Rot ist die arglistige und rückständige Farbe von Schminke und mit Abraum oder unterirdischen Metallen angemalten Lippen: kalt und glanzlos, feucht, *plutonisch*: das Emblem des Homo faber.

*

Angstbesetzter Gemeinplatz: »keine Perspektive mehr haben«. Und wenn gerade darin das Heil läge?

Die Perspektive oder die Tragik des Blicks. Die Tragik des Lebens oder die Besessenheit von der Perspektive. Und wenn wir doch nichts anderes täten, als unsere Wände bis in alle Ewigkeit mit den *fesselnden* Trompe-l'œils der Italiener zu bemalen – unsere geistige Obsession des *rank and file* zu projizieren? Wenn die selbstherrlichen *Verschiebungen des Blicks* in der Kindheit unsere Zauberformel würden in einer Welt, die sich einmal *öffnen wird* ohne die Vorbedingung einer erneuten Schließung – ganz anders als die symbolische Schneise im Roten Meer.

Kafka, das ist einfach die überwältigend *perspektivische* Sicht des Menschseins – ein vom Wahn der Perspektive heimgesuchtes und schließlich zugrunde gerichtetes Leben. Es ist die plötzliche Aufhebung der Perspektive, die uns *befreit* in *Tausendundeiner Nacht*, in den Abenteuern von Arsène Lupin oder den Gedichten des *Poisson Soluble*. (Rimbaud bleibt trotz des gegenteiligen Anscheins im Netz hängen: dem Fluchtpunkt den Rücken zuzuwenden reicht nicht.)

*

Die Schrecken dunkler Zeiten kehren zurück. Es sind nicht mehr die Schrecken dämonischer Mächte, sondern die des vampirhaften Staates, der »wie ein Glotzauge in der Nacht« vollends *entmenschlichten* politischen Macht mit ihren Scheuklappen, in der einen Hand den Knüppel, in der anderen den Bettelsack, eine Art obszöner und schauerlicher Oger, der durch eine riesige Herde nackter Menschen taumelt. – So nackt, wie sie es vor ihm noch nie gewesen sind. Nackt und allein, weil nur durch *politische* Beziehungen verbunden: Gewerkschaften, Parteien – verfangen in wuchernden Schößlingen des Staats. Und bei der Wahl, die ihnen gelassen wird, spielt es letztlich gar keine Rolle, für welchen sie sich entscheiden.

Die *Abwehrhaltung* gegen diese Einsamkeit und Nacktheit – die genau derjenigen von Kafkas Mensch entspricht – wird das große »neue Element« unserer Epoche sein. Bedürfnis nach einem *Verbindungsglied* nach menschlichem Maß (die Macht ist von planetarem Maß), Bruderschaft, Phalansterium, religiösen Sekten, Geheimgesellschaften. Vor uns liegt die Zeit der Geheimgesellschaften und esoterischen Sekten.

Die gegenwärtige Sehnsucht nach dem »Leben im Verborgenen« bei jenen, die politischen Widerstand leisten, erscheint mir vergleichbar mit derjenigen des Fabrikarbeiters nach dem Handwerk. Rückkehr in einen *selbst gewählten*, engeren, aber wirkmächtigeren Rahmen – in dem das Handeln sich die beglückende Einfachheit der Hand bewahrt, die ein Werkzeug ergreift und den vor Augen befindlichen Gegenstand bearbeitet –, in eine Welt des *manifesten* Handelns, wo man seine Ellbogen spürt wie beim Tischrücken, wo Einfall, Abfolge, Vermittlung und Durchführung mit einem Blick erfasst werden können, wo Hirn und Hand sich an ihrer unmittelbaren Wirkkraft freuen. In der realen politischen Welt ist die Trennung endgültig: Die Handlung ist ein Wassertropfen, der ins Meer fällt – das Ergebnis ein Wunder oder eine erlangte Gnade, ein unbegreifliches, von der Flut an den Strand geworfenes Treibgut. Der Bürger (das Wort reizt zum Lachen angesichts der monströsen räumlichen Ausdehnung politischer Macht und ihrer organischen Komplexität) hat keine andere Beziehung zum Staat mehr zu erhoffen als die des Getreuen (oder Ungläubigen) zu seinem Gott.

Ein Proletarier – nicht nur, leider –, sondern auch ein »Planetarier«: Maß einer doppelten Ungnade.

*

Das Minimum an Beharrung, das es einer Epoche ermöglicht, mehr zu sein als ein Luftzug zwischen zwei Türen, wird der unseren erstmalig verwehrt bleiben. Ich denke an Apollinaire, der alles liebte, was sich bewegt und ändert, und uns mit einigem Abstand doch so fest im unveränderlichen Panorama der Belle Époque verwurzelt zu sein scheint, zwischen den Plakaten von Mucha, den Pyrogenreklamen, der Bonnot-Bande und libellenähnlichen Aeroplanen. Die Neugierde der begrenzten Welt von Mode und Kultur erwachte damals und führte zu raschen Veränderungen, doch geschah das auf einem unveränderlichen sozialen Fundament; heute sind es viel häufiger die großen Massen, die sich überall *im Wind* bewegen, als die Eliten. Nicht nur schreitet unsere Epoche schneller, viel schneller als frühere voran, sie schreitet auch stolpernd voran, weil die Basis schneller als die Spitze ist; der Schwindel ist die gewöhnliche Form, in der sie ihrer selbst bewusst wird. Futuristische und revolutionäre Vorwegnahme einerseits, rückwärtsgewandte Öko-Nostalgie andererseits und nicht die objektive Inventarisierung eines Balzac, die keinen Sinn mehr hat, prägen unsere unwillkürliche Wahrnehmung der Welt, die Richtungen, in die sie unaufhaltsam gedrängt wird: ganz gleich wohin außerhalb dieses vom Drehwurm befallenen Universums, das keine Fixpunkte mehr hat, *mobilis in mobile!* Unsere Masse ist zu drei Vierteln in unserer Geschwindigkeit aufgegangen, und heute wissen wir, dass fortgesetzte Schwerelosigkeit ernsthafte physiologische Beschwerden zur Folge hat.

*

Jeder Baum *ein Mensch*, ein Nächster – die Vorstellung ist schön wie ein wahr gewordener Albtraum. Geben wir zu, dass uns der naive Crusoe manchmal große Angst macht. Hier ist es nicht Rousseau und auch nicht Beaumarchais, sondern Swift, und das erweitert doch immerhin recht schön den geistigen Horizont.

*

Kein Zweifel, dass die Theologen, wie oft gesagt wird, auf alles eine Antwort wissen: Das Ärgerliche ist bloß, dass es ihnen nicht gelingt, mich zum Fragen anzuregen.

*

Was Zweifel an der Freud'schen Lehre sät, ist genau das, was auch das Wirken aller anderen Wundertäter auszeichnet: das völlige Fehlen von Unumkehrbarkeit bei all ihren Befunden und Änderungen. Es ist eine Vorstellung, die sich auf einen Glauben stützt und wundersamerweise tausend Geheimnisse zu enträtseln scheint. Doch nimmt man den Glauben weg: Schluss mit dem Wunder, und man fängt an, mit der Laterne nach den von ihr erhellten Mysterien zu suchen. Denn was würde sich, jenseits der Welt der Worte und ihrer Phantasmen, ohne die Freud'sche Lehre ändern, außer dass die Couch-Industrie einen Einbruch erleben würde? Wie sollte man nicht argwöhnisch sein gegen einen Magier, dessen Zaubertricks die Rätsel weitgehend erst schaffen, die er lösen will?

*

Eine der Kindheitserinnerungen, an denen ich am besten den Abstand zwischen den zehner und den achtziger Jahren dieses Jahrhunderts ermessen kann, sind die *Frostbeulen*, eine saisonale Unbill, die einst alle Landschüler beim ersten Kälteeinbruch traf und die schon der Generation, die jetzt fünfzig wird, völlig unbekannt geblieben ist. Es war, so denke ich, eine Mangelkrankheit, weil die Kost damals im Winter auf dem Land (und selbst im Gymnasium) meist weder Früchte noch frisches Gemüse enthielt. Die Schwellungen, die die Finger einschnürten und die Fersen aufgehen ließen, verursachten unerträglichen Juckreiz, sobald man einen warmen Raum betrat. Sie gehörten zum Überwintern, wie Mückenstiche fester Bestandteil des Sommers in der russischen Taiga sind. Sie markieren wohl den Ausklang der Epoche, in welcher der Mensch die natürlichen Aggressionen von Ort und Klima noch hinnahm, ohne dagegen aufzubegehren: Malaria, Kröpfe, Skorbut; schon sahen die summenden Schwärme in den sommerlichen Küchen, wie zum Gegenangriff die ersten Rollen *Fliegenpapier* aufgespannt wurden.

Bei unseren ökologischen Jeremiaden verlieren wir leicht aus den Augen, dass der naturnah lebende Mensch fast immer ein – im besten Fall unter Verlusten abgehärteter – *Patient* ist. Noch heute gilt das für den Beduinen in der Wüste, den australischen Ureinwohner, den Eskimo in Grönland. Hunderttausende von Jahren verausgabte der Mensch den Großteil seiner Energie – ähnlich wie weidende Wiederkäuer, die von Bremsen und Mücken zerfressen werden – dafür, die permanente Unannehmlichkeit des Seins passiv einfach *auszuhalten*. Einem katholischen reaktionären Denker vom Schlag Joseph de Maistres fiele es nicht schwer, daraus die Behauptung abzuleiten, dass die Bombe im ausgehenden 20. Jahrhundert *ad maiorem Dei gloria* ein *Quantum* des hienieden abgeschafften Leidens wiederhergestellt habe.

*

Manchmal sehe ich in der Erinnerung meinen Großvater vor mir, wie er sich nach der Arbeit im Weinberg in der Nachmittagshitze auf die schlecht gezimmerte Bank setzte, die, nach Osten ausgerichtet, am Verschlag über dem steilen Hang zur Loire lehnte, die Pfeife anzündete und zusah, wie der Fluss vorbeiströmte und die Pappelblätter sich bewegten. Hinter den Holzbänken gab es einen auf Spalier gezogenen Apfelbaum und einen Streifen Wermutsetzlinge, die, soweit ich sehe, nirgendwo mehr angepflanzt werden. Der Weinberg war sein außereheliches Refugium und sein Pausenhof: Er hatte sich wohl lange vor meiner Geburt angewöhnt, vor meiner Großmutter dorthin zu flüchten, die tugendhaft und töricht fromm war, die ich nicht mehr gekannt habe und zu der er – wie auch zu seiner schlechten Laune – nie vor dem Abendbrot zurückkehrte.

Nach dem Abendessen erschien das Profil von Kopf und Pfeife wieder im Rahmen des kleinen Küchenfensters; über die Straße hinweg vernahm man sein katarrhalisches und dröhnendes Gebrumm aus der dunklen Höhle; nach dem Tod seiner Frau, die er dort terrorisierte, übte er seine Schreckensherrschaft über das Dienstmädchen *Julia* aus. Im Krieg von 1914 entlief Julia, die in der verräucherten Küche zwischen ihren Öfen und dem Pfeifenschrank des Siebzigjährigen erstickt wäre, mit einem Soldaten des Trupps, der damals im *Hôtel de la Loire* stationiert war: Mein Großvater, wie vor den Kopf geschlagen von der Majestätsbeleidigung, die dieses Durchbrennen für ihn darstellte, legte sich für eine oder zwei Wochen ins Bett. Nie wieder bin ich jemandem begegnet, der im Haushalt allein durch sein Auftreten und seine Art zu sprechen so schroff bekundete: »Dem Bart allein gebührt das Herrscherrecht.«[11]

*

Von Zeit zu Zeit bescheint mich wieder das kreidige Licht, in das unsere Quartiere im Norden während des Kriegs gebadet waren. Je mehr Tage vergingen (die Kriegsatmosphäre war im Oktober deutlicher zu spüren gewesen, als ich von den Frontlinien an der Saar ins Regiment zurückkehrte), desto lächerlicher erschien das auf die Ebene des Zugs reduzierte Exerzieren, das von niemandem mehr beaufsichtigt und koordiniert wurde: Man schlug die Zeit tot; noch weniger als in der Kaserne ging es darum, sich realen Kampfbedingungen zu stellen. Was sollte aus uns werden? Die Zeit verstrich, ohne Neues zu bringen, wurde dumpf und fade; man schickte die Truppen Tag für Tag ins Gelände, wie man morgens die Bettwäsche lüftet: Es ging bloß darum, schlecht und recht das ungeheure Gähnen des Krieges zu bannen, wenn er nicht tötet. Das Regiment, das im September in der

Warndt[12] mit Minen und Granaten Bekanntschaft gemacht hatte, trieb in diesem Zwischenreich von Krieg und Frieden wie in einer Dekompressionskammer, die schon eine Rückkehr ins Zivilleben verhieß. Dennoch blieb die Idee des Friedens irreal: Wir blätterten jede einzelne Seite unseres Lebens um, unbekümmert vor einem Hintergrund von Wahn; unvergleichlich war die Empfindung, dass jeder neue Tag ein weißes Blatt sei.

*

Im Invalidendom: kleine Ausstellung über den *Sitzkrieg*[13]. Was überrascht, ist die Dürftigkeit, Belanglosigkeit der Exponate: Skizzen, Flugblätter, Plakate, Zeitungen, Fotos, Briefe. Nichts verbindet diese mittelmäßigen Beweisstücke mit dem taghellen Somnambulismus, der sich acht Monate lang einer ganzen Nation bemächtigt hatte. Bei dem es schien, als hätten alle Dinge und Gedanken plötzlich an Dichte und Substanz verloren, als würden Bewegungen allenfalls aus Trägheit weitergehen, und keiner dächte an etwas anderes als sein Dahintreiben, als nähme das Leben selbst nur für eine Gnadenfrist und wegen einer irrtümlich erfolgten stillschweigenden Verlängerung noch seinen Lauf.

*

Worin das politische Leben 1945 eine Folge des Kriegs von 1939 ist: Hier wie dort merkt man die gleiche Grimasse der Ermüdung: 1939 tun alle so (ohne daran zu glauben), *als ob* sich 1914 wiederhole. 1945 tun alle so (ohne daran zu glauben), *als ob* in Frankreich noch Demokratie möglich wäre. Es ist die gleiche Unfähigkeit, einen neuen kollektiven Mythos zu erschaffen. Dasselbe in der Literatur: *Variationen auf* Tristan und Isolde, Antigone, Judith, etc. Das Verlangen nach etwas Neuem schreit verzweifelt nach einer Form, die es definiert und dadurch stärkt. Frankreich durchlebt in jeder Hinsicht eine Krise des Ausdrucks, was die Dinge nicht gerade einfacher macht. Ein Verlangen nach Dichtern vielleicht, auf jeder Ebene.

*

In allen großen politischen oder religiösen *Bewegungen*, bei denen wir dazu neigen, den Niedergang schon kommen zu sehen, sobald der erste Eifer verflogen ist, währt die Periode des wahren Glaubens ziemlich kurz und die anschließende Periode simpler institutioneller Schwerfälligkeit sehr lang. Und immer fällt der Höhepunkt in diese letztere: beim Gottesgnadentum der Monarchie nicht etwa in die Regentschaft

Ludwigs des Heiligen, sondern in die Ludwigs des Vierzehnten. Der zum Dogma abgesunkene Glaube hat bei seinem Rückzug in den Klerus oder den politischen Apparat bloß einem neuen Glauben Platz gemacht, dem an einen überlegenen Menschentyp, der aus seinem *management* hervorging – und diese Leute an der Spitze des Apparats kommen nicht umhin, wenn schon nicht an die Wahrheit, so doch an die Kraft eines Dogmas zu glauben, das sie so hoch über die Allgemeinheit erhoben hat.

*

Robespierre war nicht dazu geschaffen, zu regieren, sondern sich beleidigt zurückzuziehen und den vorhandenen Staatskörper der Republik namens ihres ungreifbaren Idealkörpers ewig zu tadeln, dessen einziger Interpret er selbst war. Sein Bollwerk war nicht der Konvent, sondern die Jakobiner, bei denen er – stets ein Donnerwetter in der Augenbraue – uneingeschränkt, zu festen Stunden, als Richter des Verdachts waltete. Von außen durch sein bloßes Wort zu lenken war sein geheimer Wunsch und seine natürliche Neigung; sein Vertrauen auf die Rede – oder eher die Ermahnung – blieb noch am Morgen des 9. Thermidor[14] geradezu sagenhaft (an dem er alle Hebel der Macht in Händen hielt und keinen davon gebrauchte). Als er merkte, dass er zuletzt fast den ganzen Staat phagozytiert und robespierrisiert hatte, scheint ihn Panik überkommen zu haben: niemand mehr da, dem man noch eine Lektion erteilen konnte! In den letzten Monaten verschlang die Sphinx-Republik unter seiner Federführung ihre in äußerste Bedrängnis geratenen, nach Lösungen suchenden Aspiranten einen nach dem anderen: Er hielt sich bloß noch, indem er akrobatisch auf der Brandungswelle aller möglichen »Verschwörungen« surfte. Und sicher ist, dass am Ende jeder vor ihm zu zittern begonnen hatte, vor ihm, der sukzessive und mit pontifikaler Macht jeden und jede verdächtigt hatte.

Saint-Just wusste, dass die Revolution bereits ins Leere lief, doch der Austausch innerhalb des Komitees scheint komplett abgebrochen zu sein. Wie konnte Robespierre so lange verkennen, dass seine großen Schafottladungen nach dem Prairial[15], seine vermeintlichen fünfzig »Mörder«, die in roten Hemden auf rumpelnden Karren im Herzen von Paris herumkutschiert wurden, ihn, den distinguierten Liebhaber von Republik und Tugend, unvermittelt in einen Ubu der Guillotine verwandelt hatten?

*

Vielleicht das Beste am kurzen und heftigen Sauerstoffstoß der Revolutionsstimmung ist, dass sie für einen Augenblick die Schlacke in Brand setzt und verzehrt, die noch brennbare Ladung enthält und in einer ruhigeren Phase nie Feuer gefangen hätte: das mit Makeln behaftete Quäntchen Genie, das bizarre Talent, der vom Autismus eingeengte intellektuelle Lichtstrahl, das verhaltensgestörte Prophetentum, der Altweibersommer der Demenz. Was in normalen Zeiten bestenfalls einen anonymen Briefeschreiber, einen Pyromanen oder sonst einen Ausreißer, Petenten, Heilsarmisten ergeben hätte, wird für einen Augenblick zum Tribunen, Pamphletisten, öffentlichen Ankläger, Lenker der Volksmassen. Marat bleibt der Prototyp dieser Außenseiter, die nur eine Revolution dazu bringen kann, elektrischen Strom abzugeben, wie unsere heutigen Kraftwerke, wenn sie Hausmüll verbrennen.

*

1830, 1848 machte man Revolution. 1968 hatte man auf den Gehsteigen der Rive Gauche oft den bizarren Eindruck, dass die Straßenagitatoren, die Animateure von »Gruppendiskussionen« sich bemühten, unentschiedenen Kunden die Revolution – um den amerikanischen Ausdruck zu gebrauchen – zu *verkaufen*. Die Leute hörten zu, nickten, kauften nach reiflicher Überlegung aber nicht. Obwohl die Revolution von ihren Marktschreiern, die obendrein mühelos bewiesen, warum sie ein Selbstläufer sei, an allen Straßenecken gepredigt und erläutert wurde, fand sie keine Abnehmer.

Vielleicht zum ersten Mal in der Geschichte stand der *Tag der Wende* geraume drei ungewisse Wochen lang zur Beratung: fraglos zweieinhalb Wochen zu viel (1830 und 1848 waren es drei Tage, im Februar 1917 fünf). Die Trunkenheit wurde verwässert; in dieser Zeit konnten nüchterne Gewinn- und Verlustrechnungen erfolgen: In den langen Barrikadennächten, in denen man wenig schlief, wurden auf den Kopfkissen wieder und wieder Millionen von Haushaltsrechnungen angestellt: Im Juni wurde die Bilanz geschlossen.

*

Ein riesiger Kremserwagen, gezogen von acht Pferden, in dem dicht hintereinandersitzend Junker aufgereiht waren, ländliche Honoratioren, Pfarrer, Jäger mit dem Gewehr zwischen den Knien, Nonnen mit Flügelhauben, die in eine Art antiseptisches Moskitonetz eingepackt waren, stellte in meinem Traum von heute Nacht die *Virée de Galerne* dar, jenes dramatische Unterfangen der Bevölkerung der Vendée zwischen Loire und Cotentin, das im Herbst 93 in Saint-Florent begann. Ein als Militärpfarrer gekleideter Bischof mit einer violetten Polizeimütze überm Ohr tänzelte am Tross entlang, der mit seiner Anmutung von Heimkehr von der Jagd oder feuchtfröhlichem Jahrmarkt an die angeheiterten und sangeslustigen Hochzeitswagen erinnerte, die im *Großen Meaulnes* vom Fest zurückkommen – bis zu dem Moment, als die Straße in eine Art von blauen Fräcken garnisonierten Tunneleingang mündete und ich beim Anblick einiger Schützen, die rings um den Wagen aus den Hecken sprangen, begriff, dass die Sache schlecht ausgehen würde. Das Seltsame an diesem Traum war sein vereinfachendes und allegorisches, vor allem bewusst allegorisches Verfahren: Obwohl ich fest daran glaubte, wusste ich genau, dass dieser überbesetzte Kremserwagen die Virée de Galerne eher *darstellte* als wirklich war.

Höchstwahrscheinlich hat der Gegensatz zwischen dem blutigen Wesen dieses Exodus und dem etwas possenhaften Namen, der ihm in den westlichen Landen anhängt, diesen träumerischen Bilderbogen bestimmt: So wurde die Virée de Galerne, was sie hätte sein müssen, um ihren Namen zu verdienen, und dieser allein gab wohl den Anstoß zu dem Traum. Was nach meiner Erfahrung höchst selten geschieht.

*

Die Spuren des früheren Abhängigkeitsverhältnisses zwischen Kolonisatoren und Kolonisierten, Beschützern und Beschützten bleiben auf beiden Seiten unauslöschlich. »Frei« und »befreit« sind keine Synonyme; erst wenn Genese und Geschichte der erlangten Freiheit mit der Zeit verblasst sind, ist man wirklich frei, frei wie die Luft, wie Luft, die man atmet, ohne darüber nachzudenken. Glückliche Unbewusstheit, die nur wenige angelsächsische oder nordische Länder wirklich erlangt zu haben scheinen! Der ganze Rest des Planeten – frühere Herren wie frühere Untertanen – ist während der postkolonialen Stasis, die wir durchleben, in finsterer Verdrängung befangen, in einer Psychoanalyse der Massen, die noch nicht erfunden wurde. Der Befreite spürt, dass er außer der Freiheit noch etwas anderes haben müsste, das ihn für die knechtische Vergangenheit entschädigt; der Befreier, der im Nachhinein väterliche Gefühle in sich aufkeimen spürt, sieht verbittert, wie ein verlorener Sohn ihm den Rücken kehrt und nicht wiederkommen wird.

*

Die Harmlosigkeit der von einer früheren Kolonisierung hinterlassenen Toponymie ist nie verbürgt. Heute klettern spanischsprachige Zuwanderer am Pazifik die Sprossen der Leiter namens San Diego, Los Angeles, Santa Barbara, San Francisco wieder hinauf und besetzen sie, als wären es Wartesteine. Vielleicht wird man in den Vereinigten Staaten eines Tages bedauern, es bei so vielen indianischen, spanischen, französischen Namen auf dem Föderationsgebiet belassen zu haben. Und die Vorkämpfer von Eretz Israel – Suchköpfe eines Volks, das sich durch die Zählebigkeit seines historischen Gedächtnisses auszeichnet – verkennen sicher nicht die in langem Schlummer liegende (aber wiederbelebbare) Erinnerung, die in einmal getauften Orten lauert.

*

Es gibt manche Seltsamkeiten in diesem letzten Drittel des Jahrhunderts, an die ich mich nur schwer gewöhnen kann, doch eine der größten besteht darin, zu sehen, wie England – das *stolze Albion* meiner Kindheit, das ich von Jules Verne und Kipling kannte, eine Art unveränderlicher Goldstandard der Macht, England, das die fünf Kontinente auf der Erdkarte mit Rot bedeckte, die fünf Ozeane von seinen gepanzerten Herden abweiden ließ, die Finanzen der Welt mit seinem wie ein Scheck barrierten £ stempelte, ähnlich wie damals der Kaiser mit seinem großen N –, zu einem mit Hypotheken belasteten, schäbigen, bankrotten Inselchen wird, wie die Enkel von Phileas Fogg als zottige Clochards in Europas Straßengräben picknicken und Hotels ihre Banknoten ablehnen, als hielten sie Klopapier hin.

*

Als zur Zeit Charles' X. David d'Angers nach Saint-Florent kam, um das von ihm gemeißelte Grabmal einzuweihen, widmete er – vielleicht habe ich es in diesen Heften schon erwähnt – den Porträts von fünfzig oder sechzig von Bonchamps' früheren Soldaten, die sich zu der Festlichkeit eingefunden hatten, einen ganzen Zeichenblock: Sie waren damals zwischen fünfzig und fünfundsechzig Jahre alt. Die Zeichnungen wurden in einem längst vergriffenen Album reproduziert. Darin kommt ein »*Jean Réthoré* aus Le Marillais, Kurier von Monsieur de Bonchamps« vor, der aus der gleichen Familie stammen muss wie »Nanette« Réthoré, ebenfalls aus Le Marillais, die treue Magd meiner Tante Prod'homme, sowie ein *Sautejeau*, dessen Familiennamen ich in meiner Kindheit noch hundertmal vernommen habe. Jedes Mal, wenn ich dazu Gelegenheit habe, mustere ich eingehend diese Veteranen eines Bürgerkriegs, der sie tiefer geprägt haben muss als jeder zwischenstaatliche Krieg, denn das Leben, das ihnen mit viel Glück geschenkt wurde,[16] konnte allenfalls in niedergebrannten und geplünderten Häusern, in fast ausgelöschten Familien wieder Wurzeln schlagen: Man muss sich vergegenwärtigen, dass die Vendée am Ende von Revolution und Kaiserreich ein Viertel ihrer Bevölkerung geopfert hatte und eine beinahe *lazarushafte* Existenz führte in dem Sinne, wie Jean Cayrol das Wort gebraucht. Was mich an diesen Gesichtern verblüfft, die David sichtlich fasziniert haben, ist ein eigenartiger Ausdruck von Vornehmheit, wie ihn ein ähnlicher Schnitt durch die entsprechende Altersgruppe heute keineswegs zum Vorschein brächte (wohingegen eine spiegelgleiche Galerie der »Freiwilligen von 92« ihn sicherlich bestätigen würde). Eine Vornehmheit, die im lebhaften Unabhängigkeitsgefühl gründet, das von diesen so ungleichen Gesichtern ausgeht, eine Vornehmheit, die von keinerlei Atavismus geprägt ist, sondern wohl allein durch eine unwiderrufliche Entscheidung geformt wurde: Sie sind weniger Soldaten denn treue Gefährten eines todernsten Abenteuers, dessen Ausgangspunkt kein Ereignis, sondern eine getroffene Wahl war. Testamentarische Gesichter, wie eigenhändig auf die letzte Seite eines gemeinschaftlichen Lebens gesetzte Unterschriften.

*

Ausstellung symbolistischer Malerei im Grand Palais. Gab es denn wirklich eine symbolistische Malerei? Es gibt gewagte Zusammenstellungen in dem improvisierten Kongress im Grand Palais, andere sind schlechterdings verdächtig. Doch kommt es in der Kunst ja vor, dass am hellen Tag, *a posteriori*, durch den Zufall eines Etikettenschwindels eine Verwandtschaft aufbricht, die den Betroffenen nie bewusst geworden ist, wie bei Erbberechtigten, die sich erst beim Notar kennenlernen: Es bedurfte lediglich der Gegenüberstellung. Und diese Auswahl, in der die großen Maler mit unverkennbarer Handschrift, die Stars gutbestückter Museen und milliardenschwerer Verkäufe so wenig Raum einnehmen, hat eine Seele: nichts als »literarische« und »Gesellschaftsmaler«.

Wäre der Surrealismus nicht allzu sehr von einigen unantastbaren *musts* geprägt gewesen, die heute seine offenkundigsten Altersflecken sind (die »Revolution«, die Lehre Freuds etc.), und wäre nicht seine ausgefallene, zuvörderst auf dem Zusammenprall beruhende Technik gewesen (die Collagen von Max Ernst spielten hier eine entscheidende Rolle), dann würde diese Ausstellung weniger nach »Symbolismus« aussehen als vielmehr nach einem erratischen und diffusen Präsurrealismus (an den Wänden hängen drei oder vier mit unterschiedlichen Namen gezeichnete Magrittes *avant la lettre*, darunter ein magisches, gleichzeitig nächtliches und sonnenbeschienenes Haus und ein ganz eigenartiger Puvis de Chavannes: *Drei Mädchen am Meer*). Manchmal wirken die Bilder nur bizarr, wie es allzu oft bei Odilon Redon der Fall ist. Doch manchmal ist die Vision auch von einer organischen Einfachheit, die der Surrealismus selten erreicht hat, wie bei der *Verlassenen Stadt* von Khnopff. Und es gibt zwei Gemälde von Böcklin, *Die Toteninsel* und *Villa am Meer*, die zu betrachten ich nicht müde werde.

Im Grunde genommen steckt diese Ausstellung, die den Präraffaeliten viel Raum gibt, genau das ab, was für mich der wahre Zugang zum malerischen Surrealismus war (Burne-Jones und Rossetti, die mich mit neunzehn in der Tate Gallery faszinierten). Und zugleich erlaubt sie mir, konsistenter davon zu träumen, wie die Malerei von Bretons Freunden hätte beschaffen sein müssen, um mich wunschlos glücklich zu machen, was recht selten der Fall war. In den guten Bildern – und davon gibt es hier mindestens ein Dutzend – zeigt sich ein schlichtes Vertrauen auf die innere Vision, eine Fähigkeit, sich in diese zu versenken, was dem kalten Gefasel von Maschine und System wie auch der »paranoisch-kritischen Methode«[17] nur selten gelingt. Ach, wären die begabten surrealistischen Maler doch naiver, andächtiger mit der Vision umgegangen! Doch zu viele von ihnen mochten den Traum nicht – der es schlecht verträgt, wenn man ihn beschneidet –, sie benutzten ihn nur gern als Vorwand oder Freibrief. *Mit seiner Erlaubnis*. Das Dumme ist bloß, dass der Traum gar keine Erlaubnis gibt.

*

Das heutzutage üppige und übermäßige Blühen der Kletterpflanzen auf Baumstämmen, von denen sie schmarotzen – der Regisseure auf Dramatikern, der Kritiker auf Schöpfern –, erinnert an Epiphyten in den Wäldern Amazoniens, die zunächst Fäden laufen lassen bis an den Boden rings um ihren Wirtsbaum. Nach und nach verdicken sich die Fäden und verwachsen zu einem Hohlzylinder, der den eingeschlossenen Stamm schrittweise in sich aufnimmt und verdaut. Beim Lesen der Theaterfeuilletons in Tageszeitungen, der Literaturkritiken in Magazinen ruft man sich mehr als einmal dieses Bild ins Gedächtnis.

*

Eine indienstnehmende Revolution ruft nicht nach dem Dichter, sondern nach dem Ingenieur. Das ist wohl der Grund – aber sicher nicht der einzige – für die bemerkenswert imperialistische Haltung, welche die Geisteswissenschaften gegenüber dem künstlerischen Schaffen im Allgemeinen, besonders aber gegenüber dem literarischen eingenommen haben. Der Aktivist, und erst recht der Anführer der Aktivisten, bedarf, auch wenn er immerfort das Gegenteil verkündet, nicht so sehr einer Kultur der »Kreativität« als vielmehr der *Disziplinen*, ein vortrefflicher Ausdruck, mit dem die Universitätssprache ein Geheimnis ausplaudert. Wer nicht nur vorher schon weiß, wohin er will, sondern auch, auf welchen Wegen, der will seine Handlungsmöglichkeiten gegenüber den Menschen erweitern, aber keineswegs eine anarchische Explosion des Begehrens auslösen. Das gleiche

Verhängnis macht freies schöpferisches Tun für die Religionen wie für die Theologien der Revolution zu einem nie offen erklärten Feind, der als prinzipiell unbezwingbar empfunden wird, was immer zu den gleichen mentalen Scheuklappen führt, Reden von der Art: »Die Kunst, ja, natürlich! *Aber …*«

*

Außer ihrer Muttersprache lernten Gymnasiasten früher nur eine Sprache, Latein: weniger eine tote Sprache als vielmehr der unvergleichliche künstlerische Stimulus einer vollständig durch Literatur gefilterten Sprache. Heute lernen sie Englisch, und sie lernen es wie ein Esperanto, das sich durchgesetzt hat, also als einfachster und kürzester Weg der trivialen Kommunikation: als Dosenöffner, universelles Passepartout. Eine Grätsche, die nicht ohne Folgen bleiben kann: Man denkt an die einst von Duchamp erfundene Tür, die einen Raum bloß öffnete, um einen anderen zu schließen.

*

Es ist für einen Schriftsteller heute ein Glücksfall, nie in Mode gewesen zu sein, sondern in einer Zone des Rückzugs und des Halbschattens verweilt zu haben, wo ihn nur jene aufsuchten, die wirklich Lust hatten, ihm zu begegnen. Das verzehrende Licht zeitgenössischer Aktualität teilt mit Röntgenstrahlen die Eigenschaft, dass es weniger etwas aus dem Schatten holt, als vielmehr trotz aller Gegenmaßnahmen das Innere vergewaltigt und nach längerer Anwendung sterilisiert und zerfrisst. Ich könnte einen Schriftsteller nennen – der mich mittels *mass media* zu oft besucht hat, ohne eingeladen gewesen zu sein –, dessen Werk, unabhängig von seinem wahren Wert, auf mich inzwischen pergamenten und *durchgegart* wirkt, wie die Gesichter mancher Berühmtheiten, die vorzeitig von Sunlights[18] verbrannt wurden.

*

Die eher unübliche Art, wie ich in die Welt des Buchhandels gelangte, hat bewirkt, dass ich mein Publikum bis zu einem gewissen Grad selbst bestimmen konnte; nämlich indem ich den Bruchteil möglicher Leser, den meine Bücher ansprechen, so beschränkte, wie es mir gefiel. Es gibt zwei Sorten potenzieller Leser: Liebhaber, denen eine untrügliche Witterung *sui generis* den Weg zu jenen Werken weist, die ihnen gefallen, mögen sie auch noch so schwer zu kriegen sein, und folgsame Käufer aufgrund bloßen Hörensagens in Öffentlichkeit oder Werbung: Die letzteren sind Ballast, eine Trägheitskraft, die dem *lancierten*

Buch zu materiellem Erfolg verhelfen kann, während ihr rasch nachlassendes Interesse ihm, ohne dass es von seiner Qualität etwas verlöre, jene knittrige Ausstrahlung verleiht, die unweigerlich jedem Werk anhaftet, das, wie man so sagt, seine Stunde hatte, das durch zu viele Hände ging. Jede schmutzige Hand hinterlässt eine Spur auf dem Werk, und selbst wenn ein Autor als Person jegliches literarische Schmierentheater sein lässt, schickt er seine Bücher doch nie ungestraft mittels der Verleger und Buchhändler auf den Strich.

*

Die Literaturwissenschaft, die Angewandte Linguistik, der Textualismus werden uns einen ruhigen Lebensabend bescheren. Soll heißen, sie werden uns das Gefühl ersparen, lange vor dem Tod von aufbrandenden neuen Schreibmoden überspült zu werden, deren Schaumkronen sich hinter uns brechen, so weit das Auge reicht – wie es in der Literatur bisher die Regel war. Wenn wir uns umdrehen, ist da niemand – nun, zumindest nicht viele (ich spreche von meiner Generation). Es ist nicht so, dass die Neuen nicht schreiben könnten, sie trauen sich bloß nicht. Das Tabu wurde nach uns aufgestellt. Wie für viele vom Christentum gehemmte Generationen der Geschlechtsakt, beschwört der Akt des Schreibens für sie Schrecknisse herauf, und so frei sie sich von Vorurteilen glauben, so deutlich liefern sie durch die naive Art, wie sie davon sprechen, doch den Beweis, dass keine Zivilisation ohne Verbote existieren kann.

Neulich erzählte jemand, dass man anlässlich einer öffentlichen Übergabe von Manuskripten an irgendeine öffentliche Sammlung vorhatte, ein paar Schriftsteller einzuladen, um der Zeremonie etwas Feierlichkeit zu verleihen. Nachdem jeder seine Vorschläge gemacht hatte und auf dem Papier ein Dutzend Namen zusammengekommen waren, wagte jemand zu bemerken: »Könnte man nicht trotzdem welche unter fünfundsechzig finden?« In der Tat mangelt es nicht an sechzig- oder siebzigjährigen Schriftstellern, die dem Terror der Textualität noch Tribut zollen, und in der Wüste, die er verbreitet: die dritte Jugend von Madame Prune[19].

*

In der Literatur habe ich keine Kollegen mehr. Im Laufe eines Halbjahrhunderts bin ich Jahr um Jahr hinter den neuen Sitten und Gebräuchen der Zunft zurückgeblieben. Nicht nur aus Computern, CD-ROMs und Textverarbeitung mache ich mir nichts, sondern ebenso wenig aus Taschenbüchern und überhaupt modernen Mitteln und Wegen zur Absatzförderung, mit denen literarische Werke florieren. Beruflich zähle ich zu den geschätzten folkloristischen Überbleibseln, die man Fremden zeigt, neben dem Pain Poilâne[20] und selbstgeräuchertem Schinken.

*

»Alle Leidenschaften verblassen mit dem Alter.« Die Literatur ist da keine Ausnahme, im Gegenteil. Den Beleg finde ich nicht in einer nachlassenden Begeisterung für Schriftsteller, die ich liebe, sondern eher in der Verlegenheit und sogar deutlichen Distanz, die Briefe von Lesern, wenn ich welche erhalte, oft bei mir auslösen. Eine Verlegenheit, die nichts mit Bescheidenheit zu tun hat, sondern von einer Enttäuschung über die eigene Erfahrung im Beruf rührt: »Ich weiß, was Schreiben heißt, weil ich es tue, und glauben Sie mir, die Ausrufezeichen nutzen sich ab. So eine große Sache ist die Literatur nicht.«

Dazu kommt noch, gestehen wir es ein, das gleichfalls aus Erfahrung stammende Wissen um die Unbeständigkeit jugendlichen Eifers. »In zehn Jahren …« Die Kurve unserer Affektbeziehungen zu einem Buch entspricht der üblichen Kurve unserer Liebesbeziehungen, nur dass sie länger und flacher ausfällt, und beide vereinigen sich im gleichen abschließenden Orgelpunkt: Zärtlichkeit aus Begehren, Zärtlichkeit aus Achtung und schließlich Achtung aus Enthaltung.

Mir scheint manchmal, dass Musik dieser Erosion widersteht. In der Neigungsehe, die man mit einem musikalischen Werk eingeht, gibt es, anders als bei einem Buch, keinen Verschleiß, nur eine immer neu entfachte und zugleich enttäuschte Keuschheit: der Diwan von Madame Récamier[21].

*

Die Ideen, die man in sich trägt und manchmal beiträgt, altern in uns wie alles andere: erst jung und voller Saft, aufschäumend und konfus, dann gereift, ausgeglichener und weniger großzügig, schließlich unnachgiebig, schwerfällig, vom Alter karikiert. Wer sich ihren ursprünglichen Zustand am längsten in schon ausgeformter Gestalt bewahrt, *dem gebührt die Troddel* – doch dieses Schriftstellerglück ist genauso unbeständig und zerbrechlich wie der Hauch unangebrachter Jugend, der auf manchem schon faltigen Gesicht verharrt. Solche *Verspätungen*, die in Gläser abzufüllen Duchamp die lustige Idee hatte, sind zur Hälfte – und sogar noch etwas mehr – die schöne Jahreszeit des Schriftstellers.

*

Nicht »das Ende der Illusionen«, das Akzeptieren von Bedingungen oder eines Berufs oder das Absinken des

Lebenstons markiert das Ende der Kindheit: Eher stellt sich bei ihrem Verschwinden das panische, ebenso beflügelnde wie deprimierende Gefühl ein, an tausend Orten gleichzeitig erwartet zu werden, wo man nicht wird erscheinen können. Die Behaglichkeit und Ausgeglichenheit des reifen Alters kommen daher, dass man diese imaginären Begegnungen abzustellen weiß – das Alter zehrt von der gelebten Erinnerung an jene, mit denen es nicht mehr zu rechnen braucht.

*

Gewiss bringt das Alter eine Verkürzung der zeitlichen Perspektive mit sich. Aber auch der räumlichen, des normalen Aktionsradius – Ortsveränderungen, Besuche, Reisen, Ausflüge. Die Systole folgt der Diastole, und allmählich ziehen wir uns hinter die engen Grenzen zurück, von wo wir einst zur Eroberung unseres *Lebensraumes*[22] aufgebrochen sind: in den konzentrierten engen Raum des uranfänglichen Eies.

*

Wenn ich ältere dieser Aufzeichnungen durchblättere, die ich seit fünfundzwanzig Jahren schreibe, kommt es mir vor, als läse ich darin die sich mehrenden Zeichen eines in Expansion befindlichen literarischen Universums in dem Sinne, wie die Astronomen den Begriff verwenden, nämlich auf dem Weg zu platzen. Alle wahre Poesie wurde, wie bei einer Explosion, auf einen Schlag radial an die schattenhafte Peripherie eines geschlossenen Universums zerstreut, und die Einzelteile sind sich nicht nur völlig fremd, sondern durch »exponentiell« zunehmende Entfernungen voneinander getrennt: wahre poetische Kamtschatkas. Zerstreuung, Vereinzelung und Marginalisierung gehen für sie Hand in Hand. Im Zentrum der gewaltigen Leere, die beim Platzen dieser *Supernova* entsteht, richten sich, so gut es geht, als kleinster Gemeinschaftsersatz im Dienste kultivierter Leser die politischen Philosophen und Pfarrverweser der Geisteswissenschaften ein, und – geben wir es ohne jedes Werturteil zu – »ja, die neue Stunde ist jedenfalls sehr ernst«.[23]

LESEN

— J. HETZEL, ÉDITEUR —

So wie man, wenn die Lese naht, durch die Reihen der Weinstöcke geht, da und dort eine Rebe anhebt, um die Trauben in Augenschein zu nehmen, sie zu betasten und zu kosten, mit mehr oder weniger klebrigen Händen eine zu zerdrücken, so habe ich von Büchern oft vorab ein Pröbchen genommen, vor allem bei dickeren, und mich selten getäuscht in dem, was die Ernte versprach. Noch hat das Buch in seiner Gesamtheit nicht den reißenden Strom der Lektüre freigesetzt, und schon hat die Nachlese fast alles über die Physiognomie der Lage oder zumindest den Alkoholgehalt gesagt.

*

Augenblicke geistesabwesenden Flanierens, in denen man in seiner Bibliothek umherstreift, ein Buch aus dem Regal nimmt, es öffnet, ein bisschen davon aufschnappt, es zurückstellt und durch ein anderes ersetzt, das bei der Probenahme mehr Würze und Gehalt verrät. Man knabbert davon wie der Spanier zur Stunde des Aperitifs von seinen *tapas*, und wie bei diesem wird aus lauter Knabbern manchmal ein ordentlicher Schmaus. Wie alte Weinkenner in Burgund mit ihrem Probenbecher, so kommt man durch Erfahrung und lange Übung dahin, Bücher eher zu beschnuppern als zu lesen: Man bedarf nicht so sehr gehaltvoller Nahrung als vielmehr einer belebenden Vergeistigung des Geruchssinns. Mitunter kann man hervorragend vom Bratenduft zu Mittag speisen, und wer sich darauf versteht, zu warten und wesenseinheitlich mit der Literatur zu altern, dem liefert sie auf recht geheimnisvolle Weise ihre Quintessenz.

Der Mensch, der allein und in Pantoffeln an seinen Regalen schnüffelt und nippt, ganz zur witternden Nase geworden, ist ein Detektor und Richter, den nichts mehr durcheinanderbringt. Und er ist auch ein Gläubiger, ein Anhänger der Sekte: Niemand ist wirklich in Kommunion mit der Literatur, der nicht das Gefühl für das Ganze hat, das noch im kleinsten ihrer Teile vorhanden ist.

*

Was aus dem Horizont einer bestimmten Kritik verschwunden ist, ist der vom Fortgang der Handlung gefesselte Leser, der aufgeregte und in Bewegung befindliche Leser, der begehrt, verlangt, bangt, wartet. Bei der Lektüre, die sie einem andient, handelt es sich um das Paradox einer angehaltenen, ruhiggestellten Lektüre: ein *Forschungsfeld*, wie sie sagt, also die Ersetzung der Reise durch die Straßenkarte.

*

Letzten Endes markiert die Ablehnung *langfristiger Darlehen* den deutlichsten Unterschied zwischen der Art, wie man im Ruhestand liest, und jener der Jugend und der ersten Reife. Lange habe ich (abschnittsweise, nie von vorn bis hinten) den *Ulysses* von Joyce mit der Überzeugung gelesen, dass die unverständlichen Weitschweifigkeiten, die zwischen dem herrlichen Anfang (sowie der in ihrer Art vollkommenen Schilderung der Beerdigung) und dem Schlussmonolog liegen, auf die Dauer so trostlos wie die Nebel eines Morgenhimmels für ein geübteres Auge![24] Die Strichzeichnung, die Anfang und Schluss – unterm Vorbehalt der Prüfung – hoffnungsfroh verband, hat derweil einer förmlichen Weigerung zu lesen Platz gemacht. Und das hat mir die Augen geöffnet für die immense, kaum zu entmutigende freudige Erwartung, die einen in der Jugend beim Lesen antreibt. Das ganze Herzklopfen vor der Zukunft, das bei der Lektüre den Wind der umgedrehten Seiten anfachte, ist verschwunden: Man mag etwas oder mag es nicht, wenn die Stunde des Barzahlens kommt.

*

Warum nicht zugeben, dass die Poesie selbst bei ihren leidenschaftlichsten Lesern *Fiaskos* erlebt – Momente völliger Erschlaffung, in denen sie, ohne den geringsten Anklang zu finden, an der Oberfläche des desensibilisierten Geistes abrutscht, in denen innigst geliebte Verse ans Tor der Erinnerung klopfen, ohne dass ein Funke aufglimmt, in denen der Finger, ohne ein Kribbeln zu verspüren, an den auf unerklärliche Weise plötzlich vom Netz genommenen Draht rührt? Warum nicht zugeben, dass auch die bezauberndste, am meisten ihrer Macht gewisse Poesie ihre Liebhaber … nur hin und wieder in Stimmung bringt?

*

Das Grundübel des Menschen ist die Abstraktion oder Trennung. Trennung durch die unumkehrbare Zeit, die unüberbrückbare Entfernung, die Haft in der undurchdringlichen Zelle des individuellen Bewusstseins. Ziel der Dichtung ist es, das Heilmittel an die Wurzel des Übels zu bringen. Sie ist die zeichenhafte Vorwegnahme einer Welt (wahrscheinlich einer Welt nach dem Tode), in der *alles beisammen ist*. Ihre wesentliche Aufgabe besteht also darin, die am weitesten voneinander entfernten und unvereinbarsten materiellen und geistigen Reihen in Kontakt zu bringen, nicht nur in den Augen des gewöhnlichen Menschenverstands, sondern auch im reflektierten Licht harter Lebenserfahrung. Diese Aufgabe erfüllt das Bild, dessen tadelloses Funktionieren (es darf nicht übersehen werden, dass die Imagination eine *Funktion* ist, eine Vitalfunktion genau wie die Atmung [sie ist es, die die Luft atembar macht]) sich als ein fortwährender *Kurzschluss* darstellt. Es genügt nicht, mit Reverdy zu sagen: »Je weiter die beiden zusammengebrachten Begriffe in der Realität auseinanderliegen, desto schöner ist das Bild«: Tatsächlich gibt es Bild und Dichtung *nur* ab dem Moment, da man sich über das praktischen Zwecken dienende Koordinatennetz hinauswagt, das die Sinne und die logische Denkweise konstruiert haben.

In hegelianischen Begriffen ist die Dichtung die permanente Forderung im Schoß der gequälten, weil abstrakten Existenz nach der absorbierenden Ruhe und totalitären Glückseligkeit des *Konkreten*.

Reine Dichtung wäre die geistige Verfassung, in der ausnahmslos *alle* Substantive vereint wären durch den Indikativ *Präsens* des Verbs sein (Beispiel: Karl der Fünfte ist eine Uhr) und des Verbs machen (Beispiel: Die Elektrizität macht Siesta).

Eine solche Definition genügt wohl ohne Weiteres, um den *absoluten* poetischen Wert des Traums gegenüber dem Leben zu begründen. Sie löst aber nicht die große Frage, *die* Frage schlechthin auf dem Gebiet der dichterischen *Praxis*: Warum erkennt und legitimiert der Geist nur einen kleinen Teil der Sprünge über die Grenzen der Logik spontan als »poetisch« – während er die Mehrheit als wertlos verwirft? Warum ist »Sommer, Felsen reiner Luft«[25] poetisch und »Meine Seele ist eine Infantin im Paradeanzug«[26] unpoetisch?

*

Bis zur Mitte des letzten Jahrhunderts war ein und dasselbe Publikum Leser und Richter all der unterschiedlichsten Dinge, die auf dem Gebiet der Literatur entstanden. Dann kam es – schon ab Stendhal, mehr noch ab Baudelaire – zu einer rasch fortschreitenden Entmischung der lesenden Gemeinschaft: In wenigen Jahrzehnten führte sie zum ummauerten Ghetto der Mallarmé-Leser. Zumindest gab es an der Spitze, also in der Kategorie der Schreibenden, weiterhin eine grenzüberschreitende Kommunikation, die noch die Fiktion einer »Gelehrtenrepublik« zuließ: Jeder blieb auf dem Laufenden darüber, was die Kollegen veröffentlichten. Heute ist selbst diese letzte Gemeinschaft zersplittert: Außerhalb der jeweiligen literarischen Familie haben die Schriftsteller aufgehört, einander zu lesen. Diese durch Abspaltungen entstandene Barbarei im Herzen einer hoch entwickelten Zivilisation zählt zu den Merkwürdigkeiten der Epoche.

*

Ist die Altersschwäche des einen oder anderen literarischen Nachruhms mehr wert als schlichtes Vergessenwerden? Wer liest Homer? Wer Pindar? Wer tut so, als ob? Man muss zugeben, dass keine Kultur vor unserer – der Kultur des Museums – einen solchen Widerwillen dagegen hatte, die Kokospalme zu schütteln oder gar an die Binden ihrer ältesten Mumien zu rühren; doch seit einiger Zeit ändert sich alles, und man soll keinen Anstoß daran nehmen, dass die gleichen Schüler, die De Gaulle noch vor acht Jahren »Zehn Jahre sind genug!« auf den Straßen entgegenriefen, zu ihren Griechisch- und Lateinbüchern zurückgekehrt sind und sich sagen: »Zweitausend Jahre sind genug!«

Altern, mehr oder weniger langsam, mehr oder weniger ehrenhaft, dann Verschwinden ist das Gesetz des »literarischen Ruhms« und geistiger Hygiene – und nicht diese künstlich herbeigeführten und aufrechterhaltenen Katalepsien, nicht dieses geschäftige Treiben um Hirntote herum! Seit Jahrhunderten zielt das literarische Bildungswesen in Frankreich darauf ab, dem *Fall des Dr. Valdemar* nachzueifern: Dafür erntet es jetzt die Weigerung der Gymnasiasten, etwas anderes zu »interpretieren« als Boris Vian, *Charlie Hebdo* und Comics.

*

Einen Roman wiederlesen. Letzten Endes spielt es keine große Rolle, dass man weiß, wohin die Handlung führt und auf welchen Wegen. Wenn der Roman etwas taugt, lockt er mich mit der Navigation an Bord, denn sie ist die eigentliche Reise und nicht die

Häfen und Landstriche, die unterwegs besucht werden: Ein fiktionaler Text braucht von vorn bis hinten Zug und ist selbstgenügsam. Die Macht der Bewegung muss nur stark genug sein, um jeden Gedanken an ein Ziel auszulöschen.

An die Stelle der Erinnerung – die beispielsweise einen Lieblingsspazierweg nachzeichnet – setzt die erneute Lektüre eines Romans gewissermaßen die Fülle der Realität. Und selbst wenn diese Realität im Grunde genommen nichts als die geistige Erregung beim Erwecken von Bildern ist, behält sie doch die formbeständige Solidität der wahren Realität, widersetzt sich Fantasien und den Mäandern der Träumerei: Ein Roman ist kein Musikstück, das allen Launen des Gefühls als Kuppler dient: Wenn der *mächtige Hippogryph* einen aufsitzen lässt, entführt er einen nicht irgendwohin. Die Musik gewährleistet Verzückung in gemeinsamer Träumerei, der Roman bindet die Imagination viel enger, ohne sie doch zu verstümmeln: Ist sie vollständig mobilisiert, durchströmt sie sein enges Rohrnetz zur Gänze, was ihm einen außergewöhnlich hohen Druck sichert.

*

Ist das Gedicht, wie die bekannte Formel lautet, ein langes Schwanken zwischen Klang und Sinn? Eher als eine Simultaneität erzeugt wohl ein steter Wechsel zwischen Klang und Sinn die Bewegung beim Lesen von Gedichten: Man kann sich unmöglich lange in den rein verbalen Klangzauber zurückziehen, ohne dass die von den Worten geweckten Assoziationen etwas »evozieren«; Bilder aber, die nicht eher innerlich von Rhythmus und Klang bewegt werden, verlieren schnell ihren Sinn. Tatsächlich läuft für den Leser der Klang dem Sinn nach, dann der Sinn dem Klang. Denn in der Dichtung ist das ganze Skelett des visuellen Bildes verbal, und jede verbale Chemie läuft auf eine Evokation hinaus: eine instabile und unausgewogene Verbindung, die, kaum entstanden, schon der Auflösung entgegenstrebt. Das unübertroffene kurze Glück, wenn diese immer neue Ohnmacht mal vom Klang ins Bild, mal vom Bild in den Klang stürzt, ist vielleicht der eigentliche Motor der Lust an Poesie.

*

Das Denken tötet alles, woran es rührt: kein Wunder, dass daran auch der Roman stirbt.

*

D. H. Lawrence vermittelt oft eine Vorstellung davon, was Nietzsche geschrieben hätte, wäre er ein Romancier gewesen.

*

Die Originalität von Colette, einer fabelhaften Schriftstellerin, hängt weniger mit der Wachheit ihrer fünf Sinne zusammen, wie viele glauben, als mit der tyrannischen Hierarchie, in der sie stehen. Es ist unmöglich zu übersehen, wie sehr ihre Wahrnehmungen an Kraft verlieren, wenn sie sich nicht mehr am Tastsinn aufwärmen und kräftigen können. Zu bewundernswerten Nahsicht-Qualitäten kommt bei ihr ein so vollständiges Fehlen des Sinns für Ebenen und Tiefe, dass jede Naturbeschreibung zur schillernden Mustersammlung grobkörniger Tapeten wird, eine Orientreise um ihr Zimmer, die Wände ihres Zimmers. Ein Blindgeborener in den ersten Stunden nach der Heilung, dem wundersamerweise die Gabe des Ausdrucks zuteilwurde – das ist das bildnerische Genie von Colette.

*

Im Allgemeinen erscheinen uns Gerüche als *Sesam-öffne-dich* für verschüttete Erinnerungen. Dennoch haben die beiden Fälle von Wiederbelebung, die aus Prousts Werk bis zum Überdruss zitiert werden – das Schlucken der Madeleine und der Stoß gegen einen unebenen Pflasterstein –, nicht mit einem Duft, sondern einer motorischen Empfindung zu tun. Als bräuchte es, damit die Tür weit aufspringt, zumindest eine Andeutung der magischen Geste, als drehte sich der Schlüssel nie ganz von allein.

*

»Fabrizio begleitete also – da alles gesagt werden muss – seine Mutter bis zum Hafen von Laveno am östlichen, am österreichischen Ufer des Lago Maggiore, wo sie gegen acht Uhr abends an Land gingen.«[27] Nichts in der *Kartause* versprüht mehr Lebenslust als Fabrizios Umherschweifen zwischen dem Lago Maggiore und dem Comer See, wo er den Abbé Blanès besucht. Die Salven der *mortaretti*, eine Erinnerung aus Italien, die Stendhal offenbar wie eine Kindheitserinnerung berührt, bestimmen den Rhythmus der Festlichkeiten an diesem Sonntag des Lebens. Der unvergleichliche Reiz des Buches, ein reiner Oberflächenreiz, der nichts gemein hat mit der in den Felsgrund der Geschichte eingelassenen inneren Festigkeit von *Rot und Schwarz*, besteht darin, dass sein Einfallsreichtum es zur *Tausendundeinen Nacht* Italiens und der Heiligen Allianz[28] macht und seine freundliche und »nachtrauernde« Innigkeit zu Stendhals *Großem Meaulnes*, eines Stendhal, dessen wahre Kindheitserinnerungen im Grunde erst mit siebzehn beginnen.

*

Wenn es bei Proust öfter als bei anderen Schriftstellern vorkommt, dass ich eine beliebige Seite aufschlage, um vor dem Schlafen noch etwas zu lesen oder mich in der Schlaflosigkeit einzurichten, so liegt es, glaube ich, am eminenten Übergewicht des Details im Verhältnis zum Ganzen. Eine allmächtige Zentrifuge scheint das ganze Romanblut ständig zur Außenhaut zu tragen. Dies im Gegensatz zum französischen psychologischen Roman, der in der Regel kurz ist und in dessen Musterbeispielen *Adolphe* und *Die Prinzessin von Clèves* eine rigorose Beschränkung aller peripheren Bewässerungen herrscht und es mir vorkommt, als vernähme man in der Stille, die den Zufallsgeräuschen auferlegt ist, nur von ferne das gedämpfte, etwas abstrakte Ticken des Zentralreglers.

*

Die Figur des Clappique in *So lebt der Mensch* ist nichts anderes als eine – entwickelte – Proust'sche *Flachfigur*: episodische Gestalten ohne wirklichen Hintergrund, die auf eine sprachliche Macke reduziert werden und ganz seinem Kopf entsprungen zu sein scheinen, wie der Liftboy oder der Direktor des Hotels in Balbec: Die kräftige Drehung an der Spannungsschraube, die Malraux auf den ersten Seiten vornimmt, überführt die Stammtischredseligkeit gleich in scharf abgesetzte komische Einlagen, wie sie einem im Kasperletheater von Zeit zu Zeit geboten werden. Ein Gemisch, das dem Buch im Übrigen kaum schadet: Ein ausgeprägter, aber klar umrissener Fehler fällt in der Konstruktion eines Romans nicht mehr ins Gewicht als die Füllwörter in Baudelaires schönsten Gedichten, von denen man manchmal meint, sie seien dazu da, *den Maßstab zu geben.*

*

Sämtliche Menschentypen, die *Georges Courteline* auf die Bühne gebracht hat – Rentenanwärter mit Kneifer, beim Militär weiterdienende Absinthtrinker, gehörnte Ehemänner mit Spitzbart, Manillespieler beim Aperitif, Hinterwäldler im Dreijahresgesetz-Kittel[29], und auch die mit dem Ärmelschoner abgestaubten Bürotische, die nach *Guterfamilienvater*-Art geführten Bordelle von Unterpräfekturen – verweisen wie Leitfossilien, mit denen sich eine Sedimentschicht genau datieren lässt, ausschließlich und exakt auf die ersten Jahrzehnte der Dritten Republik. Vielleicht braucht man Genie, um aus dem Tohuwabohu alltäglicher Begegnungen und Lokalnachrichten einen »ewigen Typ Mensch« herauszulösen – aber man braucht zumindest Talent, um aus der unendlichen Vielfalt von Gestalten auf der Straße spontan diejenigen auszusuchen, die nie wiederkehren.

*

Kein Zweifel, dass die Musik, sogar die Architektur näher am Tuff einer Kultur ist, als es die Literatur je sein könnte. Jede Literatur neigt zur Eingliederung in eine universelle Literatur, doch ein Bauerntanz, ein Hirtenlied gliedern sich in gar nichts ein außer in die Kulturlandschaft, aus der sie stammen. Das unglückliche Bewusstsein, das Literaten eignet – und von dem der urwüchsige Musiker, Bildhauer oder Architekt verschont bleibt –, hat zweifellos etwas zu tun mit dem reflektierten und fragmentierten, auf jeden Fall kümmerlichen Verhältnis, das die Literatur mit ihrem kulturellen Terroir verbindet. Tolstois unglückliches Bewusstsein neben dem eines Ikonenmalers, Baudelaires sogar noch neben demjenigen Wagners, des durch und durch intellektualisierten Wortkünstlers neben all den schaffenden Händen, all den glücklichen Stimmen, die nicht wissen und sich auch gar nicht fragen müssen, was sie tun und singen.

*

Cocteau: Die große Kluft. Durch dieses Buch spaziert man wie eine Blendlaterne durch einen Glasschmuckladen: Lichtfunkengarben flackern kurz auf und verlöschen sofort wieder; die Wände, die sie mit ihrem Funkeln überziehen, bleiben leer geräumt wie ein schwarzer Tunnel.

Es gibt in der kurzen Erzählung einen Ausflug aufs Land, aber Cocteau sieht es gar nicht; man merkt, dass es für diesen abgeschotteten Pariser genauso wenig existiert wie für einen Bürger bei Molière. Das Land ist für ihn das Hotel in Villefranche mit den amerikanischen Matrosen.

*

Der hundertste Jahrestag von Hugos Tod veranlasst die Journalisten zu angemessen repräsentativen Würdigungen. Darunter Angelo Rinaldi, der in seinem Artikel darauf hinweist, dass Hugo seit der Überführung ins Pantheon und dem kaiserlichen Begräbnis, das ihm die Dritte Republik zuteilwerden ließ, weniger der strahlende Mittelpunkt unserer Literatur ist, sondern vielmehr derjenige französische Schriftsteller, bei dessen Erwähnung, genau wie beim Erscheinen des Staatspräsidenten, automatisch die *Marseillaise* abgespielt wird. Und in der Tat figuriert er als Präsident einer Gelehrtenrepublik vom Typ unserer Dritten, als Literaturfunktionär, der mit weltlicher Repräsentation und Feierlichkeiten der Demokratie betraut wurde, aber von jeglichem echten Einfluss abgekoppelt ist: eine entleerte Form der Größe ohne Macht über die Köpfe und die Herzen.

Stets und ausgiebig, aber nie ohne Augenzwinkern zitiert, als beriefe man sich auf den letzten Zeugen einer sagenumwobenen und leicht possenhaften Zeit, in der man seine Verlautbarungen in orakelhafterem, dröhnenderem Ton zum Besten gab: Jesaja und Ezechiel plötzlich als exotische Beilage zwischen Stendhal, Voltaire und Baudelaire. Außerdem der einzige durch allgemeines Wahlrecht Bestimmte unserer Literatur – einer clanartig organisierten Landschaft, wo nur Privatkapellen seelsorgerisch betreut werden –, was ihn immer in die Zwickmühle bringt und doch majestätisch aussehen lässt.

Wie jeder weiß, ist seine Sprache herrlich: perfekt zentriert, manchmal auf wundersame Weise klangvoll. Leider erinnert sein Denken meist bloß an den scharfen Luftzug, der durch eine Trompete fährt: Die ganze, strikt aufs Instrument abgestimmte Anstrengung dient dazu, ein Maximum an Schallkraft zu erzeugen.

*

Achtzehntes Jahrhundert? Sobald die beiden Worte ausgesprochen sind, stellt sich im Geiste eine einfache und höchst kohärente Vorstellung ein, wie sie kein anderes Jahrhundert ähnlich kraftvoll und unverwechselbar prägen konnte. Doch der Abstand zwischen den entgegengesetzten Vertretern dieses

Jahrhunderts – zum Beispiel zwischen Sade und Fontenelle oder Voltaire – nicht bezüglich der Gedanken, sondern der Härte und Intensität, mit denen sie gelebt wurden – ist so groß, dass dieses Bild vor dem unvoreingenommenen Blick gleich Risse bekommt. Das geht so weit, dass sich die Erben des achtzehnten Jahrhunderts in der Gegenwart gar nicht mehr erkennen: Was hätte der rasende Libertin, der in Roger Vailland wieder auflebt, mit der »philosophischen« Erschlaffung und an Ekel grenzenden Kraftlosigkeit des *guten Meisters* der *Thaïs* und des *Sylvestre Bonnard* gemein?

*

Wenn ich im Geiste die großen Namen der Literatur des neunzehnten, dann des zwanzigsten Jahrhunderts durchgehe, springt mir ein Unterschied ins Auge: Die großen Schriftsteller des zwanzigsten sind im Allgemeinen viel typenhafter als die des neunzehnten. Unnachgiebiger. Mit schärferen Konturen, kantigerem Umriss. Als zählte für sie das Hochgefühl, sich von allen anderen zu unterscheiden, genauso viel wie die Erstklassigkeit ihrer Bücher. Es gibt übrigens nur wenige, die nicht öffentlich mit einem Kontrahenten ideologisch abgerechnet hätten. Ihr individuelles Verhalten nähert sich dem von Parteien an, die es nicht leiden können, wenn man auf Gemeinsamkeiten hinweist. Für sie liegt kein Bedauern, kein Zögern mehr in dem Satz von Gide: »Eine Entscheidung zu treffen bedeutete in meinen Augen nicht so sehr, etwas auszuwählen, als vielmehr das zurückzuweisen, was ich nicht auswählte.« In der chinesischen Geschichte gibt es eine Phase politischer Auflösung, die man die Zeit der Streitenden Reiche nennt: jeder gegen alle und alle gegen jeden.

*

Um 1920 geht das neunzehnte Jahrhundert zu Ende und das zwanzigste beginnt mit der Zustimmung der Literatur zum *großen Sprung nach vorn* der Technik, der sich auf dem Gebiet der Vergrößerungen und Geschwindigkeiten niederschlägt: Proust – das Mikroskop, Morand – das Automobil, Breton – die Revolution. Ein Rhythmuswechsel vor allem, und eine Zersplitterung des Feldes, wohingegen der Umbruch der Romantik ein Umzug mit Möbeln, eine Mutation der Sensibilität war.

*

Larbaud wieder zu lesen macht einem wie nichts anderes die Kluft bewusst zwischen 1975 und der Zeit vor 1914 und sogar nach 1918, als er mehr oder weniger wie Barnabooth reiste.

Eine Art zu reisen, die den Reisenden in den besuchten Ländern gleichsam mit mal dünnem, mal beinahe wasserdichtem Dämmstoff isoliert. Im Mittelalter, als die Pilger zu Fuß umherstreiften, gab es derlei nicht, die Dämmstoffdicke erreichte wohl ihr Maximum in der Epoche der Postchaise, also des mehr oder weniger exakten vorrevolutionären Gegenstücks (immerhin gab es noch Poststationen) zum Sonderzug des amerikanischen Milliardärs im Jahre 1900. Zwischen diesen beiden sind die Stendhal'sche *sediola* und die öffentliche Kutsche Sternes angenehm zufällige Fahrzeuge für Überraschungen längs der Straße und auf der sentimentalen Reise.

*

Der Zeitgeschmack im Hinblick auf Romantitel. In der Epoche »vollwertiger Persönlichkeiten« mit all ihren physischen und sozialen Attributen genügte oft der Name des Helden: *Lucien Leuwen* oder *Modeste Mignon* oder, exemplarischer noch, der Name flankiert vom gesellschaftlichen Reisepass: *Madame Bovary*, *Cousine Bette* oder *Colonel Chabert*. Ein Modus, der noch ein Jahrhundert Bestand hat und allmählich in die »psychologische« Schundliteratur für den Prix Goncourt absinkt: *Germinie Lacerteux*[30] oder *Monsieur de Lourdines*[31]. Um 1900, als Romane über Gesellschaftsschichten Verbreitung finden, scheinen Artikel im Plural überhandzunehmen: *Les Demi-Vierges*[32], *Die Schiffbrüchigen*[33], *Die Entzauberten*[34] (aber schon bei Balzac: *Die Bauern, Les Employés*[35]). Nach 1920 löst die umstandslose Direktheit der Literatur von Paul Morand die Welle der artikellosen Titel aus: *Magie Noire*[36], *Choix des Élues*[37], *Naissance de l'Odyssée*[38], was in früheren Jahrhunderten so undenkbar gewesen wäre wie Knierock oder Glockenhut. Mit der Nachkriegszeit und dem einsetzenden kontrollierten Zerfall der Literatur verlässt die Kollision von Titel und Inhalt (*Herbst in Peking*), Tochter des Bruchs zwischen Name und Gegenstand eines Gemäldes, ihre Ursprünge im Surrealismus, auf den sie bis dahin beschränkt war (*Löslicher Fisch, Der weißhaarige Revolver*). An einem Regentag mal weiter auszuführen …

*

Wenn schon nicht alles, was im Bereich der Literatur nach 1945 (und sogar davor) in Frankreich verfasst wurde, so hängt doch das meiste, was seitens wechselnder Schulen mit doktrinärer Strenge, falscher Sicherheit, schroff tönender Autorität auftrat, mit den Gegebenheiten einer unseligen historischen Situation zusammen. Fast so unerwartet, wie Frankreich 1940 militärisch vom Sockel gestoßen worden war, sah es sich, statt den Platz der kulturellen *Nummer eins* einzunehmen, auf den es weiter Anrecht zu haben glaubte, genötigt, seine Regression zu einer zweitrangigen Nation möglichst gesichtswahrend zu verschleiern. Je weniger Echo es von Jahr zu Jahr fand, desto mehr fühlte es sich gedrängt, die Stimme zu erheben, und der Tellerbrecherstil, mit dem die wechselnden »Bewegungen« auf sich aufmerksam machten, diente auch als arrogantes Sperrfeuer, hinter dem der unvermeidlich gewordene Rückzug erfolgte. Dagegen vermochte auf benachbartem Terrain kein falscher Schein das Desaster unserer Malerei zu verschleiern, das sich schlicht und doch beredt schon darin zeigt, dass sich der Kunstmarkt ohne Tamtam auf die andere Seite des Atlantiks verlagert hat.

*

Kleiner Leitfaden der zeitgenössischen Literatur
Im Allgemeinen wird man sich kaum für Bücher interessieren, die durch Verfassernamen wie Duhamel, Rolland, Romains (Letztere werden gern zum Spaß verwechselt), die Vignette des Hauses Plon oder den geschmacklosen Umschlag von vornherein zu verstehen geben: »Es besteht keine Gefahr, dass ich anders wäre als das, was Sie schon kennen.«

Eine Ausnahme wird für *Montherlant* gemacht, dessen herrliche Sprache die naheliegendsten Kunden fernhält und sie daran hindert, zu erkennen, dass er doch nur das täglich Brot austeilt. Was für ein unverbesserlicher Moralist und was für Moralpredigten. Ein Korporal Ronchonnet (ich weiß nicht, ob er diese bescheidene Tresse hat). Sich immer wiederholen und immer wieder richtigstellen – und wenn diese harmlose Lächerlichkeit ein paar seiner Bücher verdirbt, ist er doch ein ganz großer Schriftsteller. Nur etwas auffällig – etwas zu leicht zu sehen.

Das Beste von *Éluard* liegt in einem gewissen Seraphismus, der sich sehr von demjenigen Poes unterscheidet (»La dame de carreau«, Die Karodame). Viele seiner Gedichte sind keinen Pfifferling wert, das ist zu offensichtlich, um sich damit aufzuhalten.

*

Ich finde diesen Vers (oder Titel) eines Gedichts von Éluard (*La Rose publique*) sehr schön

Rien d'autre que vivre et voir vivre

(Nichts als leben und beim Leben zusehen)

und gebe zu, dass man ihn allein wegen dieser Worte für einen der Großen halten kann. Die Macht, einen unwiderruflich zu packen, die das Privileg wahrer Dichtung darstellt, ist darin gegenwärtig. Ein Vers, der einen umtreibt – der ein Vakuum und ein Schweben erzeugt ähnlich wie ein heftiges Schnappen nach Luft, nach dem man vergebens aufs Ausatmen wartet und dessen vibrierende Wellenbewegung am Schluss eine Art dunklen Zyklon entfesselt.

Er hat fünf oder sechs Gedichte dieser Art geschrieben (»Pour ouvrir ici«, »L'Amoureuse«, »Je suis au bas des ombres«, »Les armes du sommeil«, »La dame de carreau«, nicht zu vergessen »Ma fille est assise devant moi, aussi calme que la bougie«), die bleiben und von ihm Zeugnis ablegen werden. Manchmal braucht er das.

*

Nichts in der Literaturgeschichte kann einen irrer machen als die Anfänge Stendhals. Dass sich ein Schriftsteller mit zwanzig in seinen Mitteln, seinen Vorbildern, seiner wahren Berufung täuscht, liegt in der Natur der Dinge, und niemand wird dagegen etwas einzuwenden haben. Nicht alltäglich ist jedoch, dass ein Schriftsteller, der zu einem solchen Ruhm bestimmt ist, in diesem Alter von seinem (maßlosen) Ehrgeiz spricht, mit dem Schreiben Erfolg zu haben, wie es ein Helot der Literatur täte, zu der er nicht die geringste Affinität erkennen lässt. Es handelt sich (beim *Tagebuch* und der *Filosofia nova*) um frigide Vernünfteleien eines Fachschulingenieurs, der systematisch aufs Schreiben umgestiegen ist und allenthalben mit Algebra und Gleichungen zu Werke geht – der Inhalt seines unglaublichen Studien- und Arbeitsprogramms wirkt, als sei es der eifrigen Zusammenarbeit von Flauberts zwei Autodidakten[39] entsprungen.

»Man muss der Versuchung widerstehen, schon in den Anfängen die Vorzüge der Glanzzeit zu finden, mittels allzu sorgfältig ausgesuchter Passagen ein Genie zu zeigen, das sich selbst erschafft und auch schon ankündigt«, schreibt Jean Prévost. Dabei braucht man sich eigentlich gar nicht anzustrengen: Es ist, als wären es die Anfänge eines anderen. Selbst als er zu seinem eigenen Genie erwacht, bleibt die Kluft zwischen dem, was er als Schöpfer und Künstler ist, und dem, was er zu sein glaubt, viel größer als bei jedem anderen Schriftsteller. Genau darin liegt ein Teil des Zaubers, wenn er Dichter ist, und zwar der undefinierbarste: Er weiß gar nicht, dass er einer ist, und würde erröten, wenn er es erführe; die Frische, mit der dieser *Durchtriebene* schreibt, gleicht manchmal der von Jugendlichen, die verliebt sind, ohne es zu wissen.

*

Warum ist Stendhal der physisch am wenigsten tote aller Schriftsteller der Vergangenheit? Eine Art immaterieller sozialer Treibstoff sorgt dafür, dass diese Prosa, die wie eine ins Leere gerichtete Freundschaftsgeste ist, durchweg knistert und brennt: Man möchte meinen, der *Freund Leser* der Vorworte, der sonst dekorativ hinter die Glasscheibe verbannt ist, sei ausnahmsweise mal mit beiden Füßen in die zentrale Versuchsanlage hineingesprungen, um neben dem Schriftsteller die Rolle eines Partners und Handlangers zu übernehmen.

*

In Lautréamont steckt das Genie eines großen Redners und auch – warum es leugnen? – das Genie eines Rhetorikschülers, der noch in bunter Mischung hängen gebliebene Satzperioden aus den *Conciones* mit sich schleppt, Tiraden von Hugo und schauerlich düstere Romane, die er heimlich von Externen lieh. Das Alter, in dem er *Maldoror* schrieb, entspricht wohl ungefähr dem, in welchem Rimbaud die Gedichte im Stil Victor Hugos hinter sich ließ und mit dem *Trunkenen Schiff* begann, noch etwas vor der entscheidenden sprachlichen Metamorphose, die zu den *Illuminationen* und der *Jahreszeit in der Hölle* führte. Die neue sprachliche Kraft hat noch nicht das passende Pferd gefunden und rieselt wie ein Wildgewässer dahin. Ich bin skeptisch gegenüber Bretons »Lautréamont, der weitaus Reinste«: Es steckt unendlich viel mehr Literatur in *Maldoror* als – und wieder: warum leugnen, was doch ins Auge springt? – in den *Neuen Versen und Liedern* oder *Eine Jahreszeit in der Hölle*. Hier legte das Genie erst richtig los: Wie könnte man ihn mit dem Rimbaud der *Jahreszeit* vergleichen, der seinen funkelnden kurzen Schaffenszyklus bereits abschließt?

*

»Wie Edgar Allan Poe ging er vom Folgenden aus: Der Künstler (Maler, Dichter oder Musiker) solle nicht auf seine eigenen Gefühle setzen, sondern auf diejenigen, die er beim Hörer, Zuschauer oder Leser bewirken wolle.« (André Gide über Paul Valéry)

Nein. Weder noch. Er »setzt« – wenn er denn auf irgendetwas setzt – auf das künftige und noch unvorhersehbare, dem Leser und ihm gemeinsame Gefühl, das die vielleicht gelingenden sprachlichen Kombinationen auslösen werden, in deren Labyrinth er sich begeben hat, mit einem Projekt und einer Richtung zwar, doch ohne den Ausgang zu kennen.

Es ist wahrlich erschütternd, einen Kopf wie Gide noch einmal in dieses breitgetretene Dilemma geraten zu sehen: entweder die »Inspiration«, die das Papier verbrennt, oder Poes provozierender Konstruktivismus, den Valéry, das ist allzu offensichtlich, in dem ihm eigenen Modus der Stichelei übernimmt. Das Gefühl (auf literarische Erzeugnisse angewendet mag ich das Wort nicht), das Gefühl, das der Schriftsteller (so undeutlich wie möglich) sich und dem Leser vermitteln will, kann weder im Voraus empfunden noch ausgewählt noch per Erlass verordnet werden: Es stellt sich am Ende seiner Arbeit ein und sonst nirgends, ist unvorhersehbar und im Übrigen so untrennbar von sämtlichen Wendepunkten des Schaffensprozesses, dass es all die Wege, die zu ihm geführt haben, auch selber *ist*.

*

Große Bücher köcheln in Hexenkesseln vor sich hin, und müssten die Zutaten, die ihnen Würze geben, das Siegel sittsamer Verbraucherverbände erhalten, würden wohl nur wenige zum Druck zugelassen werden. Ihr Glück besteht darin, jeder chemischen Analyse oder Zersetzung – sicherlich für immer – zu entgehen, weil beim literarischen Schaffen verschiedenartige Elemente nicht mehr oder weniger dauerhaft, nicht mehr oder weniger gekonnt amalgamiert, sondern in ihrer Gesamtheit in ein höheres Reich übertragen werden, wo sie sich auf unumkehrbare Weise miteinander verbinden und die Transmutationen keinerlei nachweisbare Spur des nährenden Misthaufens bewahren.

*

Das literarische Schicksal von Francis Ponge, der jetzt zurückgezogen in einer kleinen Stadt im Süden lebt und der mir neulich als sehr einsam geschildert wurde, erscheint mir charakteristisch für die Übernahme der Literatur durch die Geisteswissenschaften. Ein Artikel von Sartre war vor dreißig Jahren der Scheinwerferstrahl, der sein recht verborgenes Werk dem Dunkel entriss. Dann, rund fünfzehn Jahre später, ließ ihn das Tandem Barthes – Sollers kurz an seinem Erfolg teilhaben und stieß ihn abermals voran. Jetzt, auf einem Abstellgleis zurückgelassen, sieht er in der Ferne all die flotten Lokomotiven auf Leerfahrt zu neuen Gespannen vorbeifahren. Was für sich genommen gar keine Bedeutung hat: Ein Schriftsteller wie Ponge hätte sein langlebiges Werk unbesorgt der Zukunft anvertrauen können. Aber ich verstehe seine Bitterkeit: Sie reicht tiefer. Als derjenige zeitgenössische Schriftsteller, der der Sprache bis zu ihren subtilsten Quellen gefolgt ist, riskiert er 1976, keinen oder nur noch einen archäologischen Ertrag zu haben, denn noch vor seinen Augen und Ohren verblasst sein einziger Rückhalt, die Sprache, verzerrt sich und verschwindet: Seine Traurigkeit ist die des Malers, der Fresken auf eine von Feuchtigkeit zerfressene Wand gemalt hat oder sieht, wie seine Farben auf dem Asphalt schwärzlich werden und Blasen bilden.

*

Es ist noch nicht so lange her, dass Malraux, der »den Vaneau«[40] heute wie ein welkes, fast lächerliches Relikt der reinen Literatur behandelt, Gide als den »entscheidenden Zeitgenossen« bezeichnete. Zwei Dinge haben Gide diese *deminutio capitis*[41] eingetragen, die ihn nicht nur die Aufmerksamkeit der nächsten Generation gekostet, sondern ganz aus deren Blick verbannt haben. Zum einen, unpassenderweise daran erinnert zu haben, dass der ästhetische Standpunkt der einzige sei, von dem man sein Werk beurteilen müsse. Zum anderen, nicht vorhergesehen zu haben, dass Corydon[42] schon so bald nach seinem Tod mit Gefolge von der Place de la Bastille zur Place de la Nation defilieren konnte. Ein Zersetzer, der unehrerbietig für sich in Anspruch nahm, der einzige wahre Schreiber zu sein, und eine Angelegenheit, die nicht die Zeit hatte, Märtyrer hervorzubringen.

*

Tolkiens *Herr der Ringe* ist das einzige mir bekannte fiktionale Werk, das nicht, wie es häufiger geschieht, am Rande geltender und praktizierter Religionen entstanden ist, sondern unter kompletter Auslassung derselben. Hier treffen Mächte aufeinander und nicht Werte; nicht Gut und Böse, sondern weiße Mächte und schwarze Mächte. Vor allem hierin zeigt sich subtil das Verwirrende dieses eigenartigen und unklassifizierbaren Werks, das etwas von einem Heldenepos und von einem Märchen hat, hin und wieder augenzwinkernd auf Lewis Carroll verweist und sogar einen Hauch von bäuerlichem Populismus versprüht. Es ist im Verhältnis zum Christentum nicht randständig, sondern ihm *voraus*: Die westliche Welt ist noch nicht von den großen Religionen geprägt: Die von hierarchisch organisierten magischen

Mächten regierte Welt des Buches weiß nichts vom Heiligen und kennt noch kaum das Übernatürliche, weil es sich so sehr mit dem Realen vermischt – es gibt Gegengifte und Gegenzauber, aber keine Reinigungsriten, ein Repertoire von Praktiken, aber kein Zeremoniell, und diese Regression zu einer unvordenklich alten Seelenstimmung verleiht ihm eine Geschlossenheit, die letztlich über das schlimmste Flickwerk und die schlimmsten Unwahrscheinlichkeiten triumphiert.

Die Lektüre eines solchen Buches offenbart eines der seltensten Elemente, die man in einem Meisterwerk finden kann: das plötzliche und vollkommene Wirklichwerden einer bis dahin gänzlich ungeahnten Möglichkeit. Es gibt hier nichts – oder fast nichts – als minderwertige Materialien, kein einziges genügt anerkannten literarischen Normen, es ist, als baute man ein Haus mit den Ressourcen von einer Mülldeponie – und lebte darin frischer, gesünder, vergnügter als in allen romanhaften Wohnsitzen, die von Architekten stammen und mit Baugenehmigung entstanden sind. Die Freude, die Tolkien einem bereitet, ist in erster Linie die einer Befreiung: Die Welt ist jung, das Blatt Papier jungfräulich, noch ist nichts gesagt, der reine Rausch des Erfindens bricht sich Bahn: Los im gestreckten Galopp!

Wie amüsant zu denken, dass so freche Erscheinungen des *ganz Anderen* in der Literatur, von *Alice im Wunderland* bis zum *Herrn der Ringe*, ausgerechnet in greisen, im Harnisch ergrauten britischen Geistesgrößen nisteten, als diese mandaringleich auf dem Gipfel ihrer jeweiligen akademischen Laufbahn standen! Wer in Frankreich die Dreißig hinter sich gelassen hat, dem öffnen sich die Schleusen nicht mehr für solche Frühlingsfluten, es sei denn in Gestalt bittersüßer Erinnerungen.

*

Es überrascht mich, dass Gide, Léon Daudet und Waliszewski in seiner *Russischen Literatur*, die ich querlese, Puschkins *Pique-Dame* einmütig für ein so schwaches Werk halten.

Nicht nur reicht sie an das Beste heran, was ich von Hoffmann kenne – Hermanns Halluzination flößt mir immer einen schwer erklärlichen Schauder ein (er sieht nachts die verstorbene alte Dame, die ihn schweigend durchs Fenster seines schwarzen Zimmers betrachtet, dann das Haus umrundet und an die Tür klopft). Die ganze Passage ist ruhig, geheimnisvoll einfach geschrieben.

In der *Hauptmannstochter* gibt es im zweiten Teil zu viele Bilderbogenklischees. Doch die Reise zur Festung, das Leben dort, Angriff und Flucht, der Kriegsrat in Orenburg mit dem General, der in seinem Gemüsegarten herumspaziert – all das hat Klarheit, patriarchale Frische, intensive Poesie.

Übrigens vermag kein Schriftsteller außerhalb Russlands eine so umwerfende und beinahe anziehende Vorstellung von einem *verlorenen Nest* (gluch) zu vermitteln. (Gogol: die Gutsbesitzerin Korobotschka aus den *Toten Seelen*, Saltykow-Schtschedrin: Poschechonien, Tschechow: der Petschenege.) Es kommt mir vor, als zöge ich mir kühle und grobe, etwas feuchte Laken übers Gesicht in der Schwärze eines gekachelten Dorfzimmers mit eisernem Riegel, mit einer Grünpflanze und einem grünen Tuch mit Borte auf dem Tisch, während ich von der Kirche neben dem Hühnerhof die eingeschlafene Stunde schlagen höre und die tiefe Wäsche die Schränke mit ihrem süßfauligen Grabtuchgeruch imprägniert.

*

Das Sozialdrama zählt sicher nicht zu Gérard de Nervals wichtigsten Anliegen, und doch, wenn man Sylvie als Handschuhmacherin in Dammartin wiederbegegnet und sieht, wie sie die *Mechanik* bedient, ist darin die ganze Entpoetisierung, die ganze Entzauberung durch die ländliche Entwurzelung *in a nutshell* gegenwärtig, und zwar um so gegenwärtiger, als Nerval gar keinen Nachdruck darauf legt, um so ernüchternder, als die Entwurzelung zunächst keineswegs dramatisch ist. Er birgt auf dieser – und so leicht gewebten! – halben Seite die Substanz eines ganzen Balzac-Romans, so wie Valéry einen solchen aus einem einzigen Vers von Baudelaire entspringen sah (»Die Magd mit einem großen Herzen, auf die Sie eifersüchtig waren«).

*

Tod Paul Valérys. Möge man sich nicht mehr erlauben, schlecht von ihm zu reden. Nur zwei oder drei seiner Zeitgenossen meisterten die französische Sprache so wie er. Und die französische Sprache ist doch letztlich unser gemeinsamer Grundstock, wer mit solcher Perfektion an ihr arbeitet, bereichert uns.

Er war ein großer Dichter, und das springt ins Auge. Wer das nicht merkt, ist definitiv ein Dummkopf. Das, und nur das, rettet ihn.

Sein Drama bestand in der vorzeitigen Ermattung der Schöpferkraft durch Anwendung analytischer Intelligenz. Er hat seine Abszesse meisterhaft und höchst erfolgreich mit der Methode der Austrocknung behandelt – es bleibt aber dabei, dass ihm zum Rang eines der Allergrößten etwas fehlt, das ich als Nabelbruch bezeichnen würde. Er ist ein Goethe ohne *Faust*. Sein herrlich geschriebenes Prosawerk besteht nur aus kritischen Essays und Fragmenten.

Als Freund der Ärzte war ihm sehr an Keimfreiheit gelegen. Viele Keime hat er abgetötet, in sich und außerhalb. Nie hat er einen geheimen Quell angezapft – nicht mal den eigenen, und wenn doch, floss nur eine Erotik ohne mediterrane Färbung heraus. Vielleicht hat er nicht gesucht, aber er wäre dazu auch unfähig gewesen.

Von allen großen französischen Schriftstellern war er bestimmt derjenige, der am wenigsten über die Menschen vermochte. Eine rein konstitutionelle, bloß formal verliehene Macht.

Wie symbolisch und zu ihm passend war also die Trauerfeier. Sarkophag und Marmor, aus der noch warmen Mumie schon jeder Dämon ausgetrieben, ein schönes und prachtvolles Goldidol mit leeren Augen – so viel zitternder Marmor, so wenig Schatten[43].

In den *Nouvelles Littéraires* lese ich, er sei in Sète als Sohn eines Korsen und einer Italienerin geboren. Ja, im Grunde liegt hier das Problem. Er ist der Mann eines sonnendurchfluteten Binnenmeeres, und ich halte es mit Männern vom Ozean. Valéry ist ein Koloss des Denkens fürs Album.

*

Die prächtige, blendende Dichtung von Mallarmé und Valéry ist für mich ein bisschen wie der Schatz des Tutanchamun. Eine Buntglaskunst auf höchster Entwicklungsstufe, absolut stabil, Transformationen von Sprachmaterial, die letztlich mit dem Tod liebäugeln. Man öffnet eine Tür zum Feuerglanz im Schatten und schließt sie wieder, ergriffen und respektvoll: Eine solche Anhäufung von goldenen Masken, Gewürzen und Juwelen – Grabbeigaben für den Auftritt vor irgendeinem unterirdischen Gott der Poesie – wurde nicht für jemanden zusammengetragen, der noch sorglos unter der Sonne wandelt.

*

Wie merkwürdig es ist, in der Korrespondenz zweier so gegensätzlicher Geister wie Valéry und Breton – der eine versessen darauf, alles auf die Grundform zurückzuführen und den Mechanismus zu entdecken, der andere hartnäckig darauf bedacht, die Zugänge zum Möglichen offen zu halten und noch zu erweitern – zu lesen, dass sie sich jahrelang aneinander gerieben haben, ohne größere Verletzung (trotz des Charakters von Breton)! Gibt es denn wahrhaft *unzweideutige* Geister? Mag jeder seine Farbe noch so sehr und ohne Abtönung zur Schau tragen, das Gegenteil spielt fortwährend und reichlich mit seiner Komplementärfarbe hinein: Den spektakulären Gegensätzen verleiht ein – nicht unwesentlicher – Anteil wechselseitiger Zustimmung, der dem jeweils anderen verborgen bleibt, Weichheit, Resonanz und Geschmeidigkeit, wie die verschwimmenden Hintergedanken des Orchesters dem artikulierten Wechselspiel zweier Solisten. Das heimliche Einverständnis beider Geister hintergeht in der Tiefe die Konfrontation der Gedanken und widerlegt sie, wie es bei oberflächlichen Meeresströmungen mit langsamen, tiefer liegenden sogenannten *Kompensationsströmungen* geschieht.

*

Apollinaires *Anecdotiques* versetzen uns in eine bezaubernde und unbeschwerte Welt und sind eines der poetischsten Bücher, die man lesen kann. Anscheinend gehörte Apollinaire zu jenen Leuten, die auf unerklärliche Weise Glücksfälle anziehen – und sich in der Kristallkugel der Welt fortbewegen, indem sie dem Plan eines ihrer geheimnisvollen *Fehler* folgen. Breton hat diese zauberische Macht von ihm geerbt. Die Erkundung einer dieser gewagten und wacker verteidigten Strecken wäre für einen großen Dichter heute die einzige Chance, die großen *Quêtes* der epischen Literatur des Mittelalters wiederzubeleben.

Die Vorstellung einer von *Adern*, von Kraftlinien durchzogenen Welt – ein Beitrag der modernen Literatur – verschafft uns noch einmal das Hochgefühl des Akrobaten, der sich wie durch ein Wunder auf dem Drahtseil hält – und zwingt uns beispielsweise, Arsène Lupin bis zum Schluss zu folgen, wenn er mit dem Aufzug durchs Dach bricht und mitten ins Erhabene vorstößt, oder Fantomas in seinem Fiaker oder Breton und Aragon bei ihren fantastischen nächtlichen Reisen. Das ist die Sauerstoffflasche, die den Leser des zwanzigsten Jahrhunderts in der nicht atembaren Welt Raymond Roussels oben hält, ihn davor bewahrt, in der Nautilus oder den unterirdischen Gängen der *Reise zum Mittelpunkt der Erde* zu ersticken[44]. Es ist, als hätte mit Abschluss der Erforschung des Planeten die bis dahin – in den Heldenepen wie in *Robinson Crusoe* – diffuse und umherschweifende Abenteuerliteratur sich darauf verlegt, in den nun umfriedeten Eingeweiden der Welt einen Weg eng wie ein Tunnel zu bahnen, und gewönne als Energiespannung alles, was ihr die einströmenden Wasser einer *Druckrohrleitung* zuführen. Die Tragik der Abenteuerliteratur für den modernen Leser rührt von der beinahe minütlich erdrückender werdenden Unmöglichkeit, das Abenteuer fortzusetzen – in einer Welt, die sich wie Packeis schließt, ist sie der ängstliche Ruf nach einem noch engeren *Spalt*, der von Tag zu Tag unwahrscheinlicher wird, dem Nadelöhr, durch welches das Kamel hindurch muss. Das hat Hugo in den *Elenden* zweimal großartig gesehen und exemplarisch verwertet: mit der Barrikade in der Rue de la Chanvrerie – einem abgeschlossenen Ort, den zu verlassen *nahezu unmöglich* ist – und der Pariser Kanalisation, deren steigende Wasser Jean Valjean einkreisen: »Wie soll man da herauskommen?« Das ist die Frage, die alle Krimileser in Atem hält in einer Welt, wo das leibhaftige, freigebige Glück seine Domäne bis zur

Erdrosselung geschmälert sieht durch die Verknöcherung des Archivwesens und die Reglementierung. Doch es ist nicht schwer, sich vorzustellen, dass die Triebfedern des Interesses bei einem mittelalterlichen Leser andere waren: Mehr als die Möglichkeit einer Folge von Glücksfällen und Koinzidenzen, die für ihn noch etwas ganz Natürliches waren, begeisterte ihn ein Triumph über damals allgegenwärtige materielle Unmöglichkeiten, der ganze Plunder von fliegenden Teppichen und Pferden, Feen, Riesen, Zauberern, unbesiegbaren Waffen – in dieser eintönigen und langatmigen Anhäufung oft schon allzu *real* gewordener Dinge versucht der moderne Abenteuerleser so etwas wie einer unscheinbaren, verschlungenen und, wie der Faden der Parze[45], leicht reißenden *Lebenslinie* zu folgen.

SCHREIBEN

Wo immer ich gelebt und gearbeitet habe, schrieb ich an einem kleinen Tisch neben meinem Bett. Nicht dass ich je das ungebrochene Vertrauen des Surrealismus in die schöpferischen Tugenden des Schlafs geteilt hätte, aber dass die Lust zu arbeiten sich nur in der Nähe dieses Symbols für Rückzug und nächtlichen Rat einstellte, kann auch nicht ganz ohne Bedeutung sein. Die häufige Erinnerung daran, dass das Bewusstsein nur zwischen zwei Abtauchphasen jeden Tag kurz aufscheint, ist mir ein Erfordernis: In einem Arbeitszimmer würde ich mich wie ein an Land gezogener Fisch fühlen. Das ist sicher nur eine von vielen Manifestationen des Instinkts, der mich stets dazu gebracht hat, in der Nähe dessen zu bleiben, was mir Halt gibt: Bett, Arbeitstisch, die häusliche Umgebung und vor meinem Fenster »der Ansturm der Lande bis zum Horizont«, von dem René Guy Cadou spricht – von meinen Kraftquellen gelabt und immer mehr oder weniger Besitzender-Besessener!

*

Als ich zu schreiben anfing, mit fünfundzwanzig oder sechsundzwanzig, ohne vorherige Überlegung und so, als spränge ich in der Eingebung des Augenblicks ins Wasser, hatte ich nie ernsthaft daran gedacht, dass mir ein solches Abenteuer geschehen könnte.

»Schreiben« war ein Tun, das mir zwar nebenbei beneidenswert erscheinen mochte, aber keine vorbereitenden Schritte, keinerlei Bewegung in Gang setzte, so wenig wie die Vorstellung, Kaugummikönig oder Präsident der Republik zu werden.

*

Vom Wettbewerbsgeist, der sich im künftigen Schriftsteller, im künftigen Maler angesichts des bewunderten Künstlers regen soll (»Anch'io sono pittore!«) und der als eigentliches Zeichen seiner Berufung gilt, kann ich in meinen Erinnerungen keine Spur entdecken bis zu dem Moment, als ich mit siebenundzwanzig zu schreiben anfing. Ich las, las noch einmal, bewunderte nacheinander ein halbes Dutzend Schriftsteller: Nicht eine Sekunde streifte mich beim Lesen der Gedanke, eines Tages selbst zu schreiben, von ihnen angeregt und zugleich wider sie, so wie die Dinge bekanntermaßen eben laufen. Was ich ohne Widerstreben oder Begeisterung vor mir sah, war eine universitäre Laufbahn; in Gegenwart von Büchern war ich ein passiver Leser: bewundernd, in den Bann geschlagen, doch ohne eine Spur von Wetteifer. Selbst als ich schon mit dem Schreiben angefangen hatte, blieb jahrelang und vielleicht bis heute das Gefühl, gegenüber den Berufsschriftstellern in der Kategorie der Amateure zu verharren: jener Amateure, von denen

Freunde und Verwandte behaupten, sie hätten Karriere machen können, wenn sie nur gewollt hätten.

Dabei spielte das Vorhandensein eines Hauptberufs, der das Schreiben in den Rang des Steckenpferds verwies, eine Rolle. Aber mehr noch das Einlegen langer Pausen *sine linea* zwischen meinen Büchern, so langer, dass sich meine Arbeitsphasen auf kurze Episoden beschränkten, die lange beschäftigungslose Bummeleien unterbrachen: Nachdem *Auf Schloss Argol* Ende 1937 abgeschlossen war, schrieb ich bis 1942 praktisch keine Zeile mehr (es herrschte allerdings auch Krieg). »Ich bin nicht vom Fach, kann es aber gelegentlich genauso gut wie ihr« blieb meine instinktive Art, mich in die Literatur einzubringen, und ich verhehle mir nicht, dass beim scheuen Anspruch auf diesen nicht normgerechten Platz die Eigenliebe durchaus auf ihre Kosten kommt.

*

»Was noch nie auf *diese* Art gesagt wurde, ist noch nie gesagt worden« lautet das geheime Axiom, auf das sich der wahre Literat fraglos beruft. Das maßgebliche Einrasten des Denkens in die Form macht nur für ihn das gleiche knackende Geräusch wie die Sperre einer Feuerwaffe; außerhalb dieser befreienden Einkapselung bleiben die vielfältigsten Mitteilungsmöglichkeiten für ihn stumm.

*

Ich neigte immer dazu, mit dem Relativpronomen recht frei umzugehen: Wenn keine Verwechslungsgefahr droht, verzichtet das *qui*[46] in meinen Sätzen manchmal auf die unmittelbare Nähe des Nomens, auf das es sich bezieht – eine Beschädigung der Syntax, die eigentlich bloß eine Rückkehr zur Verwendung im Lateinischen ist. Ich brauche diese Freiheit, die mir früh in Fleisch und Blut übergegangen ist, und ahne schon, dass man mir eines Tages darin folgen wird.

*

Wenn ich in meinen Sätzen bestimmte Worte unterstreiche – was mir vorgeworfen wird –, versuche ich nicht, die Aufmerksamkeit festzuhalten, also eine tote Zeit – ich versuche ganz unbescheiden, ins gemeinsame Transportmittel der Sprache das einzuführen, was bei Hochleistungsmotoren der Vorverdichter war – den Zuwachs an nervöser Kraft zu zeigen, von welcher der Rennfahrer weiß, dass er nur dann in der Lage sein wird, seine Widersacher »abzuhängen« – und die Brust der Zuschauer mit einem Mal zu weiten –, wenn sie im entscheidenden Moment mit der Brutalität einer tetanischen Erschütterung in die Muskeln injiziert wird.

*

Konnte sich ein im Fadenlauf der Sprache geschriebener Text noch vor Kurzem ohne allzu lächerlichen Beiklang schmeicheln, »den Jahrhunderten zu trotzen«, so ist ihm heute, da die Substanz der Sprache zusehends verfault, eine Lebenserwartung von gerade mal dreißig, vierzig Jahren sicher, und *Nach mir* (oder sogar vor mir) *die Sintflut* muss im Jahr 1975 die illusionslose Perspektive eines jeden Schriftstellers sein – zumindest eines jeden unübersetzbaren Schriftstellers.

*

»Die Figuren sind wahr, die Geschichte ist wahr … oder besser gesagt, jedes Detail ist wahr, doch die Gesamtheit ist falsch … Nein! Das ist noch nicht, was ich sagen will: Es ist ein Roman, fertig! Und den schreibe ich lieber, als ihn zu erklären.« (Simenon über den Roman)

Ein Beispiel für die Verwirrung, die der Begriff der Wahrheit mit sich bringt, wenn man ihn auf die Kunst bezieht, die nichts mit ihm zu tun hat. (Der Begriff der *Schönheit*, der zum Glück endlich auf dem Rückzug ist, hat weniger Unruhe gestiftet.) Es gibt in der literarischen Fiktion keine andere »Wahrheit« als das richtige Verhältnis zwischen den einzelnen Teilen und dem Ganzen, die immer offene Verbindung des Ganzen mit den Teilen und der Teile mit dem Ganzen, die dafür sorgt, dass ein Roman »funktioniert«, wie der Blutkreislauf zirkuliert.

Fortbestehend allein durch den inneren Zusammenhalt und nicht so sehr durch die Flaubert'sche »Kraft des Stils« (aber vielleicht will Flaubert damit das Gleiche sagen). Allein durch die Kohärenz der Bindeglieder, die ihn ausmachen und bewahren, gleichsam in isolierender Leere hängend. Aber darum noch lange kein Roman »über nichts«, wie ihn Flaubert erträumte. Am Anfang eines Romans steht keineswegs die tatsächliche Richtung des künftigen Werks, sondern das Vorgefühl seiner Autonomie. Die treibende Kraft ist eher das Gefühl einer innigeren Vertrautheit mit der Realität, eines komplizenhaften Einverständnisses mit ihr, so als stelle sich der Kontakt zur Welt plötzlich dort ein, wo ihre dynamische Ladung am stärksten ist, an einer der Spitzen, wo sich ihre Elektrizität ballt und entlädt. In diesem Punkt!, wo Funken sprühen oder nicht, liegen für mich der unverzichtbare dynamische Wert des Romans wie auch die völlige Bedeutungslosigkeit seines Sujets: Letztlich geht es bloß darum, eine bestimmte Anfangsgeschwindigkeit zu erreichen. Danach ist es eine Art »Komme, was da wolle«: Unvorhersehbare Anziehungskräfte werden sich bemerkbar machen, die auf den vorwärts getriebenen Körper einwirken, seine Richtung verändern, ihn bremsen, wieder beschleunigen: Wahrscheinlich gibt es noch keine Computer, um einen so komplizierten Kurs zu berechnen.

*

Unablässig schreiben heißt wohl nicht so sehr, einer übermäßigen Vorliebe für sein Selbst frönen, als vielmehr dieses Selbst an den entlegensten Gerichtsstand übertragen und es ganz den äußeren Mechanismen der Sprache unterwerfen. Es heißt einwilligen, in jedem Augenblick *buchstäblich* nur das zu sein, was das Schreiben aus einem herausholt, nur zu leben, um diese Art Milcherzeugung in Gang zu halten.

Jeden Morgen, sobald er auf den Beinen ist, melkt ihn seine barmherzige Feder. Andernfalls gliche er dem Vieh mit geplatzten Eutern, das sich beim Zusammenbruch 1940 muhend und klagend an den Straßen drängte.

*

Einfachheit des Stils. Als wäre die Einfachheit des Schreibens etwas Absolutes, eine Grenze, wie die Lichtgeschwindigkeit oder der absolute Nullpunkt! Ich habe dazu einmal die naive Bemerkung einer Frauenzeitschrift festgehalten (»Was die Mode unter Einfachheit versteht«), eine Bemerkung, die ein weites Feld eröffnet. Jede Epoche hat ihre eigene Einfachheit, die nie jener der vorangegangenen gleicht und ebenso wenig der folgenden, und repräsentative Musterstücke aus verschiedenen Jahrhunderten ergäben zusammen bloß ein buntes Patchwork. In jeder literarischen Epoche wird die Tabelle der Standardmaße im Ganzen verschoben und an eine andere Stelle versetzt. Nirgendwo ein Fixpunkt, an dem eine überzeitliche Kritik ansetzen könnte, und dies vor allem, weil die Amplitude des Ausdrucksregisters einer Epoche nie, auch nicht annähernd, an die Gesamtheit sprachlicher Ausdrucksmöglichkeiten heranreicht – so wenig wie das Register eines Sängers die Gesamtheit hörbarer Noten abdeckt. Literarische Werte sind Funktionen und nie Quantitäten, was die Gehirne nur widerstrebend glauben wollen, und deshalb stellt sich das Vokabular der Kritik meist als eine *Mischung* dar, vergleichbar dem eines Mathematikers, der ohne Vorwarnung von der Arithmetik zur Trigonometrie übergeht.

*

Anscheinend unterscheidet sich die Lust, ein Buch zu verfilmen, die sich bei jungen Leuten von Zeit zu Zeit regt (eine Lust, die natürlich keinerlei Chance auf Verwirklichung hat), ihrem Wesen nach kaum von dem Wunsch, ein Lieblingsbuch erneut zu lesen, wie man ihn im letzten Jahrhundert manchmal hatte: Es ist bloß eine ehrgeizigere und aktivere Spielart. Bei ihnen stellt sich das Bedürfnis ein, die vom Text heraufbeschworenen Bilder in den rechteckigen Rahmen zu bannen, der für diese Generation wohl der universelle Kommunikationsraum ist, wie es für die Gutenberg-Zivilisation die gedruckte Seite war. Vielleicht macht sich die Tyrannei des moderneren *Mediums* für die Jugend heute schon bei den ersten Lektüren bemerkbar, indem es Bilder begünstigt und die Musik der Prosa ins Abseits befördert – um die sich junge Schriftsteller heutzutage mehr als selten sorgen.

*

Die Beziehung der Künste zur Zeit: glasklar im Falle der Musik, der unwandelbaren Bilder in der Malerei. Doch im Fall der Literatur: der schlimmste Wirrwarr von Widersprüchen, Verschlagenheit, Missverständnissen und Verrat.

*

Romane, deren Autor darauf brennt, seine intimen Eigenheiten auszustellen, ohne es zu wagen, sie ausdrücklich als solche zu benennen, und deshalb mit allen Mitteln die findige Neugier des Lesers anstachelt und auf sich lenkt: So gibt es heute mehr als einen Romancier, für den die Romanform, auf Minislipgröße reduziert, um als Blickfang zu dienen, nichts als die Lockung eines Feigenblatts ist und dessen Devise man schon bei Vergil lesen kann: *Fugit ad salices et se cupit ante videri.*[47]

*

»Wie schade, dass ich kein Fremder bin, der dies zum ersten Male sieht.«

Das sagt Saint-Phlin in *L'Appel au soldat* von Maurice Barrès, als er Starel durch sein Familiengut führt. Um wie viel mehr gilt dieses Wort für den Schriftsteller, der dazu verdammt ist, nie seine eigenen Bücher zu lesen! Ein Manko, das übrigens besonders den Romancier trifft, denn dem Kritiker oder Essayisten einerseits, dem Dichter andererseits kann es, so glaube ich, gelingen, das von ihm Geschriebene mit unvoreingenommenem Blick zu überdenken. Ersterer, weil das Brio im Umgang mit Gedanken nur wenig mit dem Neuland eines fiktionalen Textes zu tun hat, in den man sich als Erster vorwagt, Letzterer, weil der mit Rhythmus und Klang verbundene Zauber auch für den Autor selbst mit einigem Abstand neu erstehen kann. Wenn aber in seinem Buch auch nur ein Quäntchen dessen steckt, was dafür sorgt, dass man einen Roman mit brennenden Augen und trockener

Kehle verschlingt und aus der Lektüre als ein anderer hervorgeht, wird der Romancier, der dazu verdammt ist, dass andere ihm davon berichten (und wie indirekt, wie ungenau!), diese Erfahrung nie selbst machen.

*

Wie soll man von einem Arbeitstag zum nächsten auf die natürliche Stetigkeit des Romanflusses vertrauen, wenn das Anfügen einer neuen Schiene an die zuletzt verlegte die größten Anpassungsschwierigkeiten bereitet?

Im Grunde steckt im Schriftsteller, der jeden Tag erneut ins Kummet geht, ein wackeres Tier, das folgsam die Deichselstange wieder aufnimmt, er ist der Ungeduld des aufbrausenden Hengstes viel weniger nah als der Ausnüchterung des Tagelöhners im Morgengrauen. Und vielleicht ist eben diese neutrale Verfügbarkeit erforderlich, damit das heikle Verschweißen der Arbeit des Vortags mit der des Tages reibungslos gelingen kann. In der Literatur besteht die recht eigenartige Voraussetzung für bruchloses Arbeiten darin, das heutige Ich dem von gestern zu unterwerfen, das auch schon unter großer Anstrengung auf seine Launen, seine Sorgen, seine spontanen Gelüste verzichtet hatte, auf das ganze jeweilige seelische Mikroklima, das den lebendigsten Teil unseres Lebens darstellt, weil er am oberflächlichsten und beeinflussbarsten, auch am meisten auf die uns tragende Welt abgestimmt ist. Und all das, um einer … *Wahrheit* zu gehorchen? Welcher denn eigentlich?

*

Schriftsteller ist, wer hauptsächlich, wenn nicht ausschließlich durchs Schreiben Zugang zur Imagination hat. Imagination nenne ich hier alles bis auf die inhaltslosen und flüchtigen Phosphene, die dem Flaneur auf der Straße Gesellschaft leisten und so wenig bedeutsam sind wie die Lautäußerungen eines Hundes, den man spazieren führt.

*

Dichtung hat keine Definition, sondern nur Symptome, wie eine Ursache, die sich ganz und gar in ihren Wirkungen löst. Objekt reiner *Diagnostik*. Und je klinischer die Diagnostik, desto besser, desto sicherer.

Die besten Definitionen – weil sie ihre »ontologische« Unzulänglichkeit gar nicht erst zu maskieren versuchen – lauten etwa so: »Dichtung ist dasjenige, was … wodurch …« Valéry hat das genau gespürt, ebenso Breton: Seine Definition »ein Windhauch an den Schläfen« ist eine der annehmbarsten, die wir haben. Es ist die Definition eines alten Klinikers.

Dichtung unterliegt ernsthafter Prüfung und unnützer Rechtfertigung: Sie ist dort, wo Häufigkeit und Verlässlichkeit ihrer *Wirkungen* zusammenspielen. Nie und nirgends hat sie Bürgerrecht. In der Dichtung gibt es kein *Recht*, keine »notwendigen und hinreichenden Bedingungen«, und mehr braucht man Boileau nicht zu entgegnen. Alle Anwälte der Dichter vertreten eine Sache, um die es schlecht steht, und alle ihre Fälle sind unrechtlich. Die einzige Legitimation eines Dichters – des großen Experten für geräuschlose Rückzüge – ist, dass Besitz einen Rechtstitel begründet.

*

Jedes Mal, wenn Goethe mit Eckermann über Literatur spricht, und besonders, wenn es um literarische Technik geht (die eigene oder die anderer), spricht er ganz von außen, wie jemand, der in seinem Leben noch keine Feder in der Hand gehalten hat. Über diese Kunst, in der er täglich alle Register zieht und mit deren Beherrschung er aufs innigste vertraut ist, lässt er sich mit der gleichen würdevollen Albernheit aus wie über Meteorologie, Geologie oder die Farbenlehre. Nichts merkwürdiger als das.

*

Selten war Dichtung so kontrovers gemeinschaftlich wie bei den anonymen Mitarbeitern der *Stupra* und anderer *Albums zutiques*, und vor allem bei Rimbaud, Verlaine, Nouveau. Alle waren gleich erfahren in den »Vieux Coppées«[48], die sie als Fingerübungen machten, und manchmal auf dem besten Weg, durch bloßes Tun zu zeigen, dass Dichtung von allen, nicht von einem Einzelnen geschaffen werden muss (siehe das so umstrittene Gedicht »Poison perdu«[49]).

*

»Aber diese Empfindungen und diese Sprache glichen den fahlen und entfärbten Blättern, die auf übrig gebliebenen Grabespflanzen dahinschwindend auf den Ästen eines entwurzelten Baumes wachsen.«[50] (Benjamin Constant, *Adolphe*)

Keine Baudelaire-Strophe könnte vollkommener sein in ihrem allmählichen und schaurigen Niederfallen, der quälenden Verteilung ihrer Adverbien und Adjektive, als dieser schlichte Prosa-Absatz (»So hallt es oft wie dumpfes röcheln dessen / Den man verwundet auf dem feld vergessen«, etc.)[51].

*

Die Schwierigkeiten, auf die der Romancier stößt, liegen irgendwo zwischen denen des Dichters, der lediglich mit Worten ringt, und denen des Strategen, der durch ein stets unvorhersehbares Denken herausgefordert wird. Er ist eigentlich mit keinem fremden Denken konfrontiert, sondern mit etwas aus ihm selbst Hervorgegangenen, doch erst mit der letzten Zeile seines Buchs wird er dessen Umrisse vervollständigt und alle Überraschungen pariert haben.

*

Von dem, was einen Roman »mit Leben füllt« (wie man so sagt), findet sich nie eine Spur im vorgefassten Plan des Autors.

Und je mehr »Plan« er hat, desto weniger »Leben« riskiert er letztlich darin zu haben. Der Verfasser des Vorworts zu Stendhals unvollendeten oder verworfenen Romanen und Entwürfen, die ich gerade lese, macht die treffende Bemerkung, es sei ein untrügliches Zeichen für das bevorstehende Scheitern eines Werks, wenn der Autor beginne, auf jeder dritten Seite am Rand einen neuen Plan zu machen. Seinen Zauber und seine Würze erhält ein Roman allein durch das Schwänzen der Schreibschule und nicht durch den unfehlbaren Konstruktionslehrplan.

*

Beim Schreiben eines Romans gibt es nicht mehr Spielraum für Indifferenz oder Launen als beim Schreiben eines Gedichts: Es gibt nur eine größere – und meist unkalkulierbare – Distanz zwischen einer Entscheidung und ihren Konsequenzen.

*

Zum automatischen Schreiben.
Die *in Fahrt geratene Feder* gleicht dem Schwung, der es einem Fahrzeug ermöglicht, die Bordsteinkante zu erklimmen, was ihm aus dem Stand sonst selbst mit Vollgas nicht gelänge. Schreibskrupel und Ängste à la Flaubert führen unweigerlich zu aufreibenden und anmutlosen Anstrengungen vor der Hürde, zu einem Kreuzweg aus lauter *unterbundenen Aufbrüchen*. Es bringt nichts, sie zu überklettern oder mit Rucken, die die Linie stören, noch zu unterstreichen – es kommt darauf an, *die Hürde mühelos zu nehmen*.

*

Wer auf die Wände von Pissoirs schreibt, kennt den höchsten *Ernst*, den ein schreibender Mensch für sich in Anspruch nehmen kann.

Frische Inschriften, bei denen einem plötzlich die Gesichtszüge entgleisen, wie frisches Blut auf Karosseriebleche gespritzt, vermitteln etwas, das uns kein Rhetoriktraktat je vermitteln könnte – die bannende Eigenschaft, die der Akt des Sagens für einen Menschen annehmen kann. Erstarrte und erstarren machende Worte wie die eingefrorenen Schreie pompejanischer Mumien.

Man müsste schreiben wie jemand, der sich auf einem dunklen Weg aufknöpft, wie jemand, der auf die Wände von Urinalen schreibt, als würfe man sein Leben mit zusammengebissenen Zähnen und einem Gesicht jenseits des Marmors hin – aber endlich mal *in vollem Ernst* und, ja, in voller *Verantwortlichkeit.*

*

Eines der Geheimnisse der Prosa scheint mir darin zu liegen, dass man die Länge des Satzes oder Satzglieds strikt auf die Bedeutung dessen abstimmt, was er aussagt. Darauf beruht die Taktzahl der Prosa, die von reiner Musikalität weitgehend unabhängig ist. Dichtung appelliert fortwährend an die Überraschung, und an ein *zusätzliches* Eichmaß, indem sie dem gleichmäßigen Metrum folgend Gedanken von qualitativ unterschiedlicher Bedeutung ausschneidet – und ihr gewöhnlichstes Wunder besteht darin, einen Metallblock mit einem Weihrauchkorn aufzuwiegen. Das Metrum in der Dichtung wäre somit die konkrete Gestalt einer mystischen Justiz, zu welcher der Reim noch die unerbittliche Paraphierung eines jenseits von Gut und Böse urteilenden *Richters* hinzufügt.

*

Traumberichte sind immer gut geschrieben, und nach meiner Erfahrung schreiben sie sich auch immer leicht, wie gut geölt, als gäbe es keinerlei Hindernisse, die Tinte *fließt aus der Quelle*. Erstaunlich, dass dieses Phänomen noch nicht zu den Schriftstellern durchgedrungen ist, die immer zwischen Traum und »Leben« stehen wie Herkules zwischen Laster und Tugend – und sich einbilden, den herkulischen Aufgaben noch eine hinzuzufügen, indem sie sich dazu verdammen, schlecht zu schreiben.

*

Von Sorgen, die heute die ganze Taktik des Sports, des Militärs beherrschen (»das Problem des Durchbruchs«) angesichts eines Gegners, der zu geschmeidig, zu biegsam geworden ist, als dass man noch mit den langsamen und kunstvollen Manövern von früher vorlieb nehmen könnte, kann ich mir nicht einreden, dass sie nicht auch für den Schriftsteller Aktualität besäßen vor einem Publikum, das sich hinter dem hypertrophen Ausstoß gedruckter Worte verbirgt wie hinter der ungefährlichen Wolke eines Tintenfischs und bei dem man sich wohl oder übel entschließen muss, es mal mit den Stromstößen des Zitterrochens zu versuchen.

Jeder Schriftsteller sieht sich heute hinsichtlich der Form vor dieses zu lösende Problem gestellt: der Sprache ihre Schlagkraft zurückzugeben. Es ist jetzt für den Prosaisten nötig, die stärksten in der Sprache verborgenen Sprengstoffe einzusetzen – und einen Anschlag auf die Privilegien des Dichters zu verüben, so wie der Infanterist dem Artilleristen das Monopol des Gebrauchs von Kanonen entreißt.

»Kann ein solches Übermaß an Spannung nicht zu einem nervösen Zusammenbruch der Sprache führen? – Kein Problem, wir erschaffen eine andere«, sagt die Geschichte, die sich zu erinnern glaubt, so etwas sei schon einmal vorgekommen.

*

Vor einiger Zeit kam es dazu, dass ich mit einem Kritiker über einen kürzlich übersetzten englischen Roman sprach und mich wunderte, dass die Kritik ihn mit Schweigen überging. »Dabei handelt es sich um ein gutes Buch«, sagte ich, »ein sehr gutes sogar.« Er sah verlegen aus. »Warum besprechen Sie es nicht?« Er schwieg noch einen Augenblick. »Natürlich ist es gut«, entgegnete er schließlich, »sehr gut sogar – aber, verstehen Sie, man kann schwer darüber sprechen: Es ist nicht einzuordnen.« An diese Antwort muss ich immer noch manchmal denken. Im Tableau der aktuellen literarischen Werte erklärt sie mir bestimmte Obsessionen und vor allem unerklärliche Versäumnisse – und es kommt auch vor, dass sie mir Angst macht.

Zunächst erkennt man darin natürlich den Hang zu einer gewissen intellektuellen Bequemlichkeit und Sparsamkeit im Gebrauch der grauen Zellen: Die Kritiker stehen unter Zeitdruck: Im Geiste sehen sie die Menge der zeitgenössischen Autoren gern vor ihrem Schreibtisch aufgefächert wie vertraute Gesichter auf den Bänken im Halbrund eines Saales. Jeder, der sich selbst »einordnet«, jeder, der selbst das für ihn bestimmte Fach und seine Wabe findet, spart ihnen Zeit und Sorgen: Wer sich herausnimmt, an der Decke zu sitzen, ist allen ein Ärgernis. Aber an diesem Verdammungsurteil – und zwar dem schlimmsten in der Literatur: totgeschwiegen zu werden –, an dieser Verdammung von Werk und Mensch, »der sich nicht einordnet«, ist am gravierendsten der Umstand, dass die Kritiker sie im Namen einer Epoche vornehmen, die ihre schwerste Artillerie auf jenen Teil der Zitadelle der Schriftsteller richtet, der am verwundbarsten und zugleich unersetzlichsten ist: ihre

Originalität und, sagen wir es ruhig, Isolation. Dem Schriftsteller, der sich nicht einreiht, der nicht ins Glied zurücktritt, begegnet man nicht einmal mehr mit verächtlicher Herablassung, er wird im Kommisston zur Ordnung gerufen. Neulich las ich in dem Buch eines zeitgenössischen Kritikers: »Monsieur X (den Namen verschweige ich, er wurde ja auf frischer Tat ertappt) war einer der Luftikusse, die sich gegen die Unordnung der Pseudoromantiker und den symbolistischen Krempel erhoben. Er hätte sich also den subjektiven Schriftstellern zugesellen müssen.« O ja, er hätte müssen! Man erahnt hier hoffentlich das hämische Grinsen des Feldwebels vor dem Drückeberger, dessen Name im Wochenbericht stehen wird. O ja, er hätte sich zugesellen müssen, denn unsere Epoche beginnt die Schriftsteller polizeilich zu registrieren, und die einzige Entscheidung, die man sie noch treffen lässt, besteht darin, auf die rechte Seite zu gehen oder auf die linke wie ein vulgärer radikaler Minister. Aber das kann ein Schriftsteller nicht und wird es nie können, solange gilt, dass schön vor allem das ist, was uns verunsichert, dass es mit der Literatur bergauf geht, wenn die Kritik nicht mehr so gut Bescheid weiß – der wahre Schriftsteller ist stets zur Unzeit freigebig, brüderlich, ohne in Reih und Glied zu marschieren, besteht seine Abenteuer nicht Seit' an Seit' mit anderen und bleibt mit seiner Freiheit nirgendwo haften.

*

»Meine Figuren entgleiten mir – sie leben ihr eigenes Leben – ich habe keine Macht mehr über sie – ihr Verhalten verwirrt mich – ich fühle mich nicht mehr für sie verantwortlich«: Klagen, die unter Romanciers verbreitet sind. Ich glaube nicht, dass es mir je so gehen wird. Ich würde für mich einfach sagen, dass ästhetische Erfordernisse sich *kurzfristig* ergeben – unversehens während der Arbeit – und mit logischen Erfordernissen bekanntermaßen nicht immer gut zusammengehen. Ich würde vielleicht das Gleiche sagen, aber weniger naiv.

*

Physiognomie der Worte: Voire. Die etymologische Bedeutung ist »wahrhaftig« und müsste der *inneren Betonung* beim Lesen (denn es ist eins der Worte, die nie im Gespräch verwendet werden) eine rasche und scharfe Wendung geben, wie bei »wirklich?«.

Doch die Ähnlichkeit mit der Redewendung »c'est à voir«[52], die im Gegensatz dazu freundlich, skeptisch und ironisch ist, führt zu einer Kollision – und bei der Richtungsänderung, die »voire« dadurch in meinem Kopf erfährt, setzt die letztere sich durch.

Im Widerstreit zwischen Klang und Sinn schlägt der Klang den Tatbestand.

Aber das ist vielleicht eine ganz persönliche Angelegenheit. Problem: Wie sehen Sie ein bestimmtes Wort, das ich auch sehe, wie *magnetisieren* Sie sich in Bezug auf dieses Wort, auf das auch ich mich ausrichte? Unbeschreibbar! – weil es dafür nur *Worte* gibt. Trotzdem vermittelt ein schönes Gedicht, auf das man sich verständigen kann, den Eindruck, dass die Deklination insgesamt nur geringfügige persönliche Varianten kennt. Das ist doch recht seltsam. Wer vermöchte zu sagen, ob es nicht Sprachblinde gibt, die sich mit Normalen darauf einigen, zum Beispiel ein Mallarmé-Gedicht zu bewundern, so wie ein Farbblinder sich mit einem normalen Menschen darauf einigt, eine Landschaft zu bewundern?

»Langouste«[53] ist für mich eine der schlanksten und elegantesten Nackten der französischen Sprache. Bewundernswert auf den Gegenstand abgestimmt, der seinerseits so kostbar, so ziseliert ist (man denke nur daran, wie japanische Maler ihn dargestellt haben). Aber merkwürdig: Es ist unmöglich, das Wort in einem französischen Gedicht unterzubringen. Es ist zu unbeugsam originell, hat eine zu strahlende, zu starke *Persönlichkeit* – sodass benachbarte Worte keine Chance haben, einen Widerschein zu finden oder einzuhaken. »So bin ich in meiner Herrlichkeit und könnte nie anders sein als eben so.« Der Kardinal in Cappa magna betritt einen Salon, in dem »geplaudert« wird: Das wirft alle um.

*

Für den korrekten Gebrauch der französischen Schriftsprache gibt es den *Littré*. Es gibt aber kein Werk, das lehrt, welche Worte in einer Konversation anständiger Leute zu unterlassen wären.

Ich träume von dem segensreichen Wörterbuch, das, die »Rosa Seiten« des *Petit Larousse* einem edleren Gebrauch zuführend – so wie der Apotheker den Bestand an Giften und rot etikettierten Flakons in seinem Schrank gesondert verzeichnet –, imstande wäre, die »zum mündlichen Gebrauch« bestimmten Wörter wie in ein Allerheiligstes der Sprache hinter diese Flammenwand zu bannen. Denn mögen auch alle Medikamente des Pharmazeuten im Arzneibuch stehen, so ist es doch angeraten, zwischen Opium und Natron zu unterscheiden – oder zwischen dem Wort »Blut« und dem Wort »tellurisch«.

In der unübersehbaren Plebs der Worte einer Sprache hat die Aristokratie das Privileg, von den Lippen aufzufliegen. Warum? Mit jähen und launenhaften Nobilitierungen gehen Missheiraten, brüske Plumpheiten einher.

Wahrscheinlich gibt es eine kontinuierliche Entwicklung, eine Geschichte der geschriebenen Sprache in ihrer massiven Totalität. Doch man ahnt, dass die gesprochene Sprache sich von Jahrhundert zu Jahrhundert an der Oberfläche tummelt, unablässig Worte vom Licht in den Schatten gleiten lässt, wie der

Strahlenkegel einer Taschenlampe, der über die Motive eines Wandteppichs wandert.

Zwei konzentrisch angeordnete Bereiche in der Sprache, sogar drei. In der lebendigen Mitte, ebenerdig mit allem, zu Pferde in die Kirchen reitend, die Blüte der Sprache, alles, was *gebürtig* ist – omnivalent, unsichtbar. An der Peripherie – unverbesserlicher Nichtadel – Worte, die man nicht in den Mund nehmen kann. Dazwischen diejenigen, bei denen man sich im Salon verpflichtet fühlt, sie mit einem Augenzwinkern oder mit leicht ironischer Emphase zu entschuldigen (Proust führt das gekonnt bei Swann vor); sie sind, obgleich aus altem Geschlecht, unter den Nichtadel geraten, oder von zu jungem Adel, den der Jockey nicht vorlässt.

Solche brüsken Plumpheiten, die in den Salons (soll heißen, überall) beim Plaudern hervorbrechen, haben oft keinerlei Auswirkung auf die geschriebene Sprache. Das Wort »Azur« – mit dem man im Liebesgespräch doch punkten können müsste – ist in der gesprochenen Sprache heute unmöglich, macht in der Dichtung aber weiterhin Karriere. Eine närrische Ehe kann einem alle Türen verschließen, steht einer Beamtenlaufbahn aber nicht im Wege.

Es gäbe noch mancherlei zu sagen. Keine Aristokratie, der es nicht gefallen hätte, von Schurken Tribut einzufordern, sich mit Possenreißern zu umgeben, mit ausgemachten Kanaillen, die sonst nirgendwo Ansehen genießen.

(Wie viel Anmut in alledem, meine Liebe!)

*

»Wenn die großen Schachspieler wüssten!

Wenn sie wüssten, dass ihre besonderen Gaben und Talente, die so hervorstechen, dass sie bei anderen Geistesübungen manchmal so gewöhnlich wirken, durch eine leichte und oberflächliche Modifikation ihrer Geistesmaschinen außerordentliche Werke im Bereich der Literatur und Philosophie hervorbringen könnten …!

Denn sie nehmen im Geiste viel mehr Kombinationen vorweg als nahezu sämtliche Autoren; und nur unterschiedliche Konventionen, die im einen Fall präzise und willkürlich, im anderen vage und scheinbar durch reale Gegebenheiten erforderlich sind, trennen ihr Tun von unserem.« (Valéry, *Cahiers*)

Ein eher anregender als zutreffender Gedanke. Die Vorstellung bloß »unterschiedlicher Konventionen« ist hier unzulässig. Die Stärke des Spielers beim Schach ist nicht mit der virtuosen Beherrschung einer Sprache zu vergleichen und auch in keine andere übertragbar, sie rührt nicht von der gewandten Berechnung späterer Kombinationen (es gibt fünfzig andere Spieler, die genauso gut und lange im Voraus Züge berechnen können wie der Weltmeister). Vielmehr ist sie auf die synthetische (verfeinerte und kultivierte) Originalität der visuellen Auffassung zurückzuführen, einen angeborenen Sinn (der schon bei Kleinkindern beobachtet werden kann) von großer, fast taktiler Subtilität für die räumlichen Beziehungen, die in einem begrenzten Ensemble von Feldern schlummern und erwachen. Er ist so wenig auf andere Bereiche übertragbar, dass es sogar in der Erstklassigkeit Unterteilungen gibt: Jeder im Reich der Caissa[54] weiß, dass Rubinstein vor allem mit Kombinationen für geradlinig laufende Figuren brillierte (Turm und Läufer) und die Springer von Tschigorin und Nimzowitsch mordsgefährlich waren, während das Läuferpaar mit dem Spitznamen »Janowskis Läufer« die Spezialwaffe des polnischen Virtuosen war.

Wenn sie wüssten ...! Das ist, als sagte man einem Fleischfresser, er brauche nur ein anderes Gebiss, um Gras kauen zu können. Wenn sie wüssten ... Von diesem illusorischen Wissen würden sie – leider! – gar nichts haben, und in der Tat haben sie auch nichts davon. Wenn sie wüssten und könnten, wäre, umgekehrt, Valéry mit seinem blitzgescheiten Hirn aufgefordert, der bemerkenswerte Spieler zu sein, der er nach meiner Kenntnis nie gewesen ist.

Wie seltsam dieser Text in seinem Vertrauen auf die künstlerische Effizienz einer rein intellektuellen Mechanik doch aus der Feder eines Dichters wirkt! Es ist mehr als zweifelhaft, dass die Vorzüglichkeit eines Autors, wie er zu verstehen gibt, von der »Fülle vorweggenommener Kombinationen« abhängt. Was ihn auszeichnet, ist eher die – in ihrem exklusiven Bereich mit dem »Tastsinn für Positionen« des Schachmeisters vergleichbare – Fähigkeit, blitzschnell, instinktiv zwischen aufscheinenden Kombinationen zu wählen, automatisch, ohne auch nur zehn Sekunden zu verschwenden, acht von zehn Möglichkeiten auszuschließen.

Es dürfte wohl kaum einen Dichter oder Erzähler geben, der nicht die ganze prächtige Begabung für hohe Mathematik hergäbe für die bloße Fähigkeit umfassender Ortung – wie ein rotes Licht, das in der Finsternis aufleuchtet – dieses ungewöhnlichen »kleinen Etwas«, der hinterhältigen Eventualität, die plötzlich am Schnittpunkt banaler Möglichkeiten lauert, die sich eher für Auge und Tastsinn zu erkennen gibt als für den Intellekt und die keine andere Geistesgabe zu unterscheiden vermag.

*

Trotz des gegenteiligen Anscheins wird Literatur in Wirklichkeit beidhändig geschrieben, so wie man Klavier spielt. Die verbale melodische Linie löst sich und ruht auf einem Basso continuo, einer Begleitung durch die linke Hand, die an die heimliche Präsenz des ganzen Korpus bereits geschriebener Literatur erinnert und mit Bestimmtheit und Diskretion signalisiert, dass wir das Register trivialer Kommunikation hinter uns gelassen haben. In Wahrheit hat es in der Literatur nie »Gesprochenes« gegeben, so wenig wie in der Oper. Zu Homers Zeit nicht und auch nicht zu der von Céline und Queneau.

Wie das Mozart'sche Rezitativ (etwa in *Don Giovanni*), bei dem es sich erklärtermaßen um die Einführung eines Bindegewebes zwischen den starken Momenten (den Arien) handelt, den Versuch markiert, in der Oper zwei Ebenen mehr oder weniger intimer musikalischer Präsenz voneinander abzusetzen, hat der (im Roman anscheinend später als das Rezitativ im Musiktheater aufgetauchte) Dialog das lange unbekannte Problem des gesprochenen Stils in die Erzählprosa eingeführt! Aber auch beim »gesprochenen Stil« handelt es sich zuallererst um »Stil«; Flauberts Dialoge haben nichts mit denen von Stendhal gemeinsam und Morands nichts mit denen von Giraudoux. In einem Kunstwerk gibt es streng genommen weder einzelne Teile noch verschiedene Ausdrucksweisen, weil das Ganze sie vollständig einfärbt und durchtränkt. Im zusammenhanglosen Gerede im Bett, bei Tisch und auf der Straße hingegen gibt es deshalb keine einzelnen Teile, weil es kein Ganzes gibt.

*

Die literarische Anspielung, für die ein einziges Wort genügen kann, verhilft einem Text – bloß indem sie anzeigt, dass er an die Masse der bereits vorhandenen Literatur rührt, die jederzeit in Erscheinung treten kann – zu einer Art Spiegelung. Einer Spiegelung, die unterm sichtbaren Text das Vorhandensein eines universellen literarischen Unterfutters bezeugt, das sich gelegentlich in Erinnerung bringt wie das bunte Unterfutter eines geschlitzten Kleidungsstücks.

Die Empfindung ist nicht unähnlich derjenigen, die Andersen erwähnt (der Schachmeister, nicht der Märchenerzähler): »Die Schachkombinationen, die unter einer halbtransparenten Abdeckung funkeln …« Mehr als einmal habe ich versucht, mit einem kursivierten Wort den Funken zu wecken, der bei den winzigen Kontakten und Kurzschlüssen zwischen der Federspitze und der mächtigen statischen Stromladung der Bibliothek entsteht.

*

Die Literatur beruht zu einem guten Teil auf etwas Unausgesprochenem: auf dem Axiom, dass man mittels der geglückten Form auch in gewisser Weise einer Wahrheit habhaft wird, und nichts spricht dagegen, Rimbauds Ausspruch in diesem Sinne zu verstehen: »Das ist ganz sicher, das ist ein Orakelspruch, was ich da sage.« Das Denken ist zu fließend, zu unbeständig, von Natur aus zu spontan mutierend, um sich nicht für solche Wortglücksfälle zu begeistern, in denen es Gestalt annimmt und im Kontakt mit der Sprache gerinnt, ohne auch nur den geringsten Freiheitsverlust zu empfinden. Die (meist meteorologischen) Bauernregeln beziehen ihre Kraft, Geltung und Lebendigkeit allein aus ihrer sprachlichen Beschaffenheit, ohne über die Jahrhunderte je verifiziert zu werden; daraus erklärt sich ein wenig das sonderbare Wesen der Autorität, die ein literarischer Text erlangen und behalten kann. Es ist nicht die Autorität der Wahrheit, doch die bloße Wirkung des gut Gesagten sorgt dafür, dass die Schwelle zwischen schlichter Aussage und Affirmation überschritten wird, und impliziert damit Verlässlichkeit. Nicht nur jemand spricht zu uns, sondern auch etwas, nämlich die gleichsam in Übereinstimmung mit sich gebrachte Sprache: Es findet mehr oder weniger eine Kristallisation statt, und Kristallisation ist nicht die »Wahrheit« eines Elements, sondern nur sein stabiler Zustand bei einer bestimmten Temperatur und in einer bestimmten Umgebung (selten die der üblichen Verwendung).

So tendiert die von der Kunst freigestellte »Wahrheit« nicht zu etwas, das man dem Fehler gegenüberstellen könnte, sondern eher zu etwas Unbestimmtem, Labilem, Ungeformtem – unsichere Kondensation mit unbiegsamen Konturen (wie beim Kristall) eines Elements, dessen gewöhnlicher und einzig zugänglicher Zustand die Fusion ist, das Amalgam, die Oxidation, der Eingang in eine Kombination, die Mischung. Die Kunst ist nicht wirklich eine Lügnerin, sondern eher der – auf paradoxe Weise festgelegte und gepriesene – Garant der gleichzeitig authentischen und ewig transitiven Natur der Realität.

*

Der Reichtum einer Sprache bemisst sich nicht nur nach dem Umfang ihres Vokabulars, sondern auch und besonders nach der Qualität und Dichte ihrer Literatur. Jede offenkundig treffende Verwendung einer Vokabel fügt deren Bedeutung nämlich eine Facette hinzu: Sie wirkt aus einem neuen Einfallswinkel auf die Sprache ein. Und die Offenheit einer Sprache für die Poesie hängt stark von der erworbenen Fähigkeit ihrer Worte zu flimmern ab: In der Dichtung tauschen die Worte fast jede andere Qualität gegen diejenige ein, das Licht eines anderen Worts zu reflektieren. Eine klangvolle Sprache formiert sich, ehe sie Bedeutungen annimmt, und in deren kontinuierlichem Strom tauchen Bedeutungen auf und verlagern sich, sobald sie einander antworten. Dichtung ist ihrem Wesen nach Entgrenzung des Vokabulars. In einer Sequenz wie »le vierge, le vivace et le bel aujourd'hui«[55] sind hinter der scheinbar intakten Autonomie der Wörter die Trennungen zwischen ihnen weniger tief geworden, die Kette der Bedeutungen hat im Grunde keine einzelnen Glieder mehr. In der Sequenz »Die Marquise ging um fünf Uhr aus«[56] dagegen schon.

• ANMERKUNGEN •

1. Gracqs Kleist-Übersetzung wurde am 18. Juli 1973 mit Maria Casarès in der Titelrolle am Centre de Rencontres de Châteauvallon uraufgeführt.

2. Moderne archäologische Bezeichnung für meist rechtwinklig angelegte Häuserblocks im Altertum.

3. Im Original deutsch.

4. Francis Jammes (1868–1938), französischer Schriftsteller, verbrachte fast sein ganzes Leben am Fuße der Pyrenäen. Die Anspielung gilt den Novellen *Clara d'Ellebeuse ou l'Histoire d'une ancienne jeune fille* (1899), *Almaïde d'Étremont ou l'Histoire d'une jeune fille passionnée* (1901) und *Pomme d'Anis ou l'Histoire d'une jeune fille infirme* (1904).

5. Anspielung auf die autobiografisch inspirierten Romane der US-amerikanischen Schriftstellerin Louisa May Alcott (1832–1888); *Little Women* (1868) erschien auf Französisch und auf Deutsch unter dem Titel *Die vier Töchter des Dr. March*.

6. Jacques Offenbach (1819–1880), deutsch-französischer Komponist populärer Musiktheaterwerke.

7. Aus Baudelaires »Hymne« in den *Fleurs du Mal*. Dort heißt es allerdings »am Grunde *meiner* Ewigkeit«.

8. Gedicht von Alfred de Vigny (1797–1863).

9. In Angers mündender Nebenfluss der Loire.

10. Das Gastmahl des Trimalcion ist die weitaus berühmteste Episode aus dem Roman *Satyricon* des römischen Senators und Schriftstellers Petronius (14–66).

11. Molière, *Die Schule der Frauen*, III/2.

12. Ausgedehntes Waldgebiet im französischen Grenzgebiet westlich von Saarbrücken.

13. Als *Drôle de guerre* (Seltsamer Krieg, auf Deutsch meist Sitzkrieg) wird der Zustand an der Westfront nach dem deutschen Überfall auf

Polen und der darauf folgenden Kriegserklärung Frankreichs und Großbritanniens an das Deutsche Reich am 3. September 1939 bezeichnet. Bis zum Beginn der deutschen Offensive am 10. Mai 1940 standen sich die Armeen weitgehend bewegungslos gegenüber.

14. Der Thermidor (Hitzemonat) war der elfte Monat des nach der Französischen Revolution eingeführten republikanischen Kalenders und ging vom 9. Juli bis zum 17. August. Der 9. Thermidor des Jahres II entsprach dem 27. Juli 1794 herkömmlicher Zeitrechnung.

15. Der von den Revolutionären eingeführte sogenannte »Wiesenmonat« September.

16. Noch auf dem Totenbett verhinderte der in der Schlacht von Cholet schwer verwundete royalistische General Charles de Bonchamps (1760–1793) durch einen letzten Befehl die Tötung von 5000 in der Kirche von Saint-Florent-le-Vieil festgehaltenen republikanischen Gefangenen. Zu diesen zählte der Vater des Bildhauers Pierre-Jean-David, genannt David d'Angers, der das 1825 eingeweihte Bonchamps-Denkmal in der Kirche schuf.

17. Von Salvador Dalí in mehreren Schriften dargelegtes Verfahren des künstlerischen Schaffens.

18. Projektor mit besonders hoher Lichtleistung.

19. Anspielung auf Pierre Lotis teilweise autobiografischen Roman *La troisième jeunesse de madame Prune* (1905), in dem er seine Wiederbegegnung mit Nagasaki schildert, dem Schauplatz seines Erfolgsromans *Madame Chrysanthème* (1887), Vorlage von Puccinis Oper *Madama Butterfly*. Daher nicht zweite Jugend, sondern dritte.

20. Von einer Pariser Großbäckerei seit 1932 hergestelltes traditionelles Graubrot.

21. Anspielung auf die Pariser Salonnière Julie Récamier (1777–1849), die ihre Gäste – wie auf dem bekannten Gemälde von Jacques-Louis David dargestellt – gern auf einem Diwan empfing, weshalb diese Art Möbel bis heute auch als Récamière bezeichnet wird. Der Schriftsteller François-René de Chateaubriand unterhielt im Alter eine innige, aber keusche Beziehung zu ihr.

22. Im Original deutsch.

23. Zitat aus Arthur Rimbauds Prosagedicht »Adieu« (aus *Une Saison en enfer*).
24. Satz im Original unvollständig.
25. Paul Valéry.
26. Albert Samain.
27. Stendhal, *Die Kartause von Parma*, Übersetzung von Erwin Rieger.
28. Im September 1815 nach dem endgültigen Sieg über Napoleon geschlossenes Bündnis zwischen Russland, Österreich und Preußen. Frankreich trat ihm 1818 bei.
29. Mit dem Gesetz wurde 1913 die Wehrpflicht von zwei auf drei Jahre verlängert, um Frankreich für einen Krieg gegen Deutschland zu wappnen.
30. Roman von Edmond und Jules de Goncourt (1865).
31. Roman von Alphonse de Châteaubriant (1911).
32. Roman von Marcel Prévost (1894), deutsch unter dem Titel *Halbe Unschuld*.
33. Roman von Eugène Brieux (1901).
34. Roman von Pierre Loti (1906).
35. Deutsch unter dem Titel *Die überlegene Frau*.
36. Roman von Paul Morand (1928).
37. Roman von Jean Giraudoux (1939).
38. Roman von Jean Giono (1930), deutsch unter dem Titel *Die Geburt der Odyssee*, also mit Artikel.
39. Anspielung auf Flauberts unvollendeten Roman *Bouvard und Pécuchet*.
40. Malraux bezeichnete André Gide gern mit dem Namen der Straße, in der er von 1926 bis zu seinem Tod 1951 wohnte, der Rue Vaneau im Pariser Quartier des Invalides.
41. Im Römischen Recht Verlust oder Beschränkung der Rechtsfähigkeit einer Person.
42. Unter diesem Titel erschienen 1924 in Buchform vier sokratische Dialoge von André Gide, in denen er Homosexualität als nicht widernatürlich verteidigt.

43. Anspielung auf einen Vers in Valérys Langgedicht *Le cimetière marin*: »tant de marbre tremblant sur tant d'ombre« (so viel zitternder Marmor über so viel Schatten).

44. Anspielung auf das U-Boot aus Jules Vernes Romanen *Zwanzigtausend Meilen unter dem Meer* (1869–70) und *Die geheimnisvolle Insel* (1874–75) sowie *Die Reise zum Mittelpunkt der Erde* (1864).

45. Schicksalsgöttinnen der römischen Mythologie.

46. der/die/das/welcher/welche …

47. »Sie flieht hinters Weidengebüsch und möchte vorher doch gesehen werden.« (Aus den *Bukolika*)

48. Titel eines Langgedichts von Paul Verlaine, das parodistisch auf den der Parnass-Bewegung (Parnassiens) zugerechneten formstrengen Dichter François Coppée (1842–1908) anspielt.

49. Das Gedicht wurde und wird von einigen Arthur Rimbaud, von anderen Germain Nouveau zugeschrieben.

50. Übersetzung von Erich Wolfgang Skwara.

51. Baudelaire, »Die gesprungene Glocke«, Nachdichtung von Stefan George.

52. Das sehen wir noch, das bleibt abzuwarten.

53. Languste.

54. Die Göttin des Schachs, auf das Gedicht »Caissa oder Das Schachspiel« (1763) von Edward Jones zurückgehende neuzeitliche mythologische Figur.

55. Erster Vers eines titellosen Gedichts von Stéphane Mallarmé: »Der unberührte, der lebendig schöne Tag« (Nachdichtung von Carl Fischer).

56. In seinem Manifest des Surrealismus von 1924 schreibt André Breton Paul Valéry die Bemerkung zu, er wolle nie einen Roman verfassen, um nicht zu einem derart banalen Satz wie »Die Marquise ging um fünf Uhr aus« genötigt zu sein (eine Äußerung, die Valéry allerdings bestritt). Zudem ist »La Marquise sortit à cinq heures« der Titel eines 1961 erschienenen Romans von Claude Mauriac.

Julien Gracq, 1910 in Saint-Florent-le-Vieil geboren, schuf ein vielgestaltiges und originelles Werk, das von der deutschen Romantik und dem Surrealismus geprägt ist. Sein Debütroman *Au château d'Argol* weckte die Bewunderung André Bretons und ließ die Literaturkritik aufhorchen. In den 1960er-Jahren wandte er sich von der Fiktion ab und verfasste fortan Essays, autobiografische Schriften und Literaturkritiken. Er gehört zu den wenigen Autoren, die schon zu Lebzeiten in die Bibliothèque de la Pléiade aufgenommen wurden. Gracq starb 2007 in Angers.

Gernot Krämer, 1968 in Hamm geboren, aufgewachsen in Westafrika und in Westfalen, studierte Komparatistik, Germanistik, Theater-, Film- und Fernsehwissenschaften sowie Kunstgeschichte an der Ruhr-Universität Bochum und lebt als Redakteur der Literaturzeitschrift *Sinn und Form* in Berlin. In der Friedenauer Presse erschien zuletzt seine Übersetzung von Joris-Karl Huysmans' *Die Schwestern Vatard*.

Lebensknoten erscheint als Buch der Friedenauer Presse.
Gegründet wurde die Friedenauer Presse 1963 in der Wolff's Bücherei im Berliner Stadtteil Friedenau, dem sie ihren Namen verdankt. Der Verleger Andreas Wolff, Enkel des Petersburger Verlegers M. O. Wolff, veröffentlichte bis 1971 in loser Folge 36 Drucke. Von 1983 bis 2017 wurde der Verlag von Katharina Wagenbach-Wolff geführt, seit 2020 ist die Friedenauer Presse ein Imprint des Verlags Matthes & Seitz Berlin.

FRIEDENAUER PRESSE
Winterbuch

Erste Auflage Berlin 2023

info@matthes-seitz-berlin.de

Gestaltet und gesetzt von ciconia ciconia, Berlin.
Die Herstellung besorgte Hermann Zanier, Berlin.
Gedruckt und gebunden von Pustet, Regensburg.

ISBN 978-3-7518-8002-2

www.friedenauer-presse.de